华夏文库·民俗书系

神秘符号

九莲帐书

杨远　邵元珠　著

大地传媒　中州古籍出版社

《华夏文库》发凡

毫无疑问，每一个时代都有属于自己时代的精神追求、文化叩问与出版理想。我们不禁要问，在21世纪初叶，在全球文明交融的今天，在信息文明的发轫初期，作为中国出版人，我们正在或者将要追求什么？我们能够成就或奉献什么？我们以何种方式参与全球化时代的文化传播进程？在一连串的追问下，于是，有了这套《华夏文库》的出版。

自信才能交融。世界各大文明在坚守自身文化个性的同时，不约而同地加快了探视其他文化精神内涵的步伐，世界不同文明正在朝着了解、交流、碰撞、借鉴与融合的方向前进。在此背景下，建立自身的文化自信，正是与世界各文明民族进行文化交流的基本要求。五千年中华文明与文化正在不断地被其他文明所发现、所挖掘、所认知，汉语言正在生长为世界语言，儒文化正在世界各地生根发芽。

借助这样一种正在成长着的文化自信、自觉、开放、亲和之力，用我们这个时代的学术眼光全面系统梳理中华五千年的文明与文化，向其他各大文明与文化圈正面展示自我，让中华优秀文化成为世界文化的重要组成部分，正是我们出版这套文库的目的之一。此其一。

知己才能知彼。身处五千年文化浸润的今天，重新审视我们先人的人生思考、价值思考与哲学思考，找到一个民族、一个国家的价值所在、立命所在、安身所在，这已经是我们这个时代的学人与出版人不得不再思考的问题。作为中华文明的一分子，我们在思考的同时，还必须了解我们的先人创造了如何优秀的精神文明与物质文明以及社会文明。只有熟知自己的文化，热爱自己的文化，悟明自己的文化，我们才能宣说自己、弘扬自己、光大自己。因此，我们策划组织这套《华夏文库》的初衷，还在于让当下的知识青年全面系统瞭望中华文明与文化的全景，并借此能够对更为深广的世界各民族文化提供一个比较认知的基础。此其二。

顺势才能有为。我们正处在农耕文明、工业文明、信息文明的交汇处，信息文明带领我们从读纸时代进入读屏时代，以智能手机屏幕为代表的书籍呈现方式正在与纸质书籍争夺阅读时间与空间。我们正在领悟数字技术，正在以信息文明的视角，去整理、分析和研究农耕文明与工业文明的文化遗产，不仅仅是为了唤醒优秀的传统文化，我们还在生发和原创着当今时代的文化。由此，我们试图架起一座桥梁——由纸质呈现而数字呈现，由数字呈现而纸质呈现，以多媒介的书籍呈现方式，将文字、图像、声音与视频四者结合，共同筑成《华夏文库》以奉献给信息文明时代的新读者。此其三。

总之，这是一套——专家大家名家写小书；以最小的阅读单元，原创撰写中华精神文明、物质文明与社会文明系列主题与专题；以图文、声视频多媒介呈现的方式，全面介绍与传播中华文明与优秀文化，系统普及与推介中华文明与文化知识；主旨是为了让世界与中国共同了解中国的——大型丛书，借此，复兴文化，唤起精神，融入世界。

耿相新
2013 年 6 月 27 日

《华夏文库·民俗书系》序

《民俗书系》是中原出版传媒集团一项浩大工程《华夏文库》的一个重要组成部分，分为十个系列：生产贸易民俗系列，衣食住行民俗系列，社会家庭民俗系列，人生仪礼民俗系列，生态、科技民俗系列，信仰民俗系列，岁时节令民俗系列，语言文学民俗系列，民间游乐民俗系列和民间艺术系列，涉及民俗文化的所有方面。这是一套具有相当规模的民俗类丛书。第一期约300本，每个省、自治区、直辖市10本左右。以后还有第二期、第三期。从数量上看，这套书在民俗文化呈现的广度方面是前所未有的。

有规模，成体系，才能产生深刻而广泛的社会效应。就民俗文化而言，一两本书，做得再精致，影响也是有限的。只有达到一定规模，才能全面、系统而又细致地展现中国各民族各地区丰富灿烂的民俗文化。中国幅员广阔、民族众多，以往有关民俗文化的呈现多是局部的，有很大的局限性，而《民俗书系》是对中华各民族民俗文化全方位的展示，超越了已出版的任何一套民俗丛书。这有助于对中华各民族民俗文化进行整体观照，多向度地把握、理解和享用中华各民族民俗文化。

十个系列仅仅是给定了民俗文库选题的范围和领域，而每本书的选题要求主要体现在两个方面。一是强调具体和细微。选题越具体越好，越细微越好。以往民俗文化方面的书，选题都比较大，侧重在"面"

上,而《民俗书系》的选题,侧重在"点"上。譬如中国民居方面的选题,以往即为中国民居,如陕北窑洞、蒙古包、客家民居、北京四合院等,我们这套书要求选题更为具体,诸如门、床、窗、影壁、屋脊、砖雕、上梁仪式、天井等。选题越具体、越集中,越能书写得深入,越能说得透彻,从不同方面把这一指向范围细微的"事象"的表现形式、过程、内涵阐述清楚。一个选题,仅涉及一个方面的话题或事物,全书就围绕一个具体的民俗"事象"集中笔墨展开阐述。

二是强调地域性。选择具有地方特色的民俗文化。选题不避偏,即便是不为外界所知的民俗文化"事象",也可以作为选题。这样的选题纳入整套书系之中,其所描述的对象就成为整个中华民族民间文化体系中一部分,具有不可替代的位置。通过这套文库的出版,将这一原本影响不大的民俗文化"事象"推向全国,乃至世界。此处的地域是具体的,不是覆盖整个省,甚至大片地区和流域,而是局限于某一市县、某一城镇、某一村落。写一个具体地方的某一具体的民俗"事象",民俗"事象"所流传的范围是明确的。当然,也有的以一个地方的某一民俗"事象"为书写中心,适当涉及其他地方相同的民俗"事象",包括引用其起源、历史发展脉络和内涵分析等方面的相关资料,采用了以点带面的叙述范式。也有的通过图片的方式,连接其他地方同一民俗文化"事象",做一些适当比较。

在这两点要求的基础上,这套民俗书系的选题是开放性的,面向中华各民族的广袤大地和民俗文化的汪洋大海。

《民俗书系》中的每本书字数在6万~7万,配有多幅图。根据选题本身的特点选择不同的写作角度和呈现方式,甚至有的以图为主,文字只是起到辅助、说明的作用。也有的以一个故事或传说为引导,再进入民俗"事象"本身,展开层层阐述。每本书的结构简洁而又灵活，便于作者把握和读者阅读。在述与论的关系方面，以"述"为主，"述"是全书主要的行文方式和表现主体；以"论"为辅，富有层次地清晰演示特定民俗"事象"的表现形态及其现状和历史，说明其深厚的文化内涵，提供其社会及文化背景。每幅图片都有比较翔实的说明，诸如图片中的人是谁，都在干什么，主要景观和物品的名称、含义，画面属于仪式过程的哪个环节等。图片不是配图，不是为了美观，而是整本书的有机组成部分。

这套《民俗书系》追求一种原生态写作境界。这里的原生态，就是强调民俗表达的原汁原味。所使用的文字素材和图片基本上是作者自己采集到的第一手资料，夯实了全书的所有内容。这套书系的作者绝大多数不是学者或专业研究人员，而是地方文化精英，是地方民间文化传统的积极传承者。作者就是当地人，对这一选题或这一民俗"事象"最为熟悉，而且反复经历和参与过这一民俗活动，最了解这一民俗活动，并具有一定的书面语言表达能力，是最适合写这本书的人。作者对这一选题有比较丰富的资料积累和信息储备，是这一选题的代言人和权威，而书的出版更是对作者权威地位的认定。这套书系的价值主要不是学术上的，不是理论方法方面的，而是发掘地方民俗文化资源，真实、客观地再现了民俗文化，展示了民俗文化本身具有的文化魅力和现实意义。这套书系可称之为原生态民俗书系。

《民俗书系》编纂和出版的动机是宏伟的，具有高远的历史文化志向和神圣的现实责任感。这一浩大工程值得您的期待，更值得您的关注。

万建中

2015 年 1 月 20 日于京师园

目录

引言 1

一 九莲山地理、人文状况

    1 九莲山地理环境 4

    2 九莲山民俗风情 7

二 西莲寺与帐书

    1 西莲寺的历史 17

    2 西莲寺之寺院 19

    3 西莲寺之帐书 23

三 帐书之源流

    1 思想渊源 28

2　文化根基 ·············· 30

　　3　形式流变 ·············· 33

四　帐书之题材

　　1　传说故事类题材 ·············· 42

　　2　宗教神话人物类题材 ·············· 49

　　3　动物类题材 ·············· 53

　　4　自然天象题材 ·············· 59

　　5　植物花卉类题材 ·············· 61

　　6　其他题材 ·············· 63

五　帐书的文化内涵

　　1　龙的文化内涵 ·············· 66

　　2　凤的文化内涵 ·············· 82

六　帐书的特点

　　1　图画类帐书特点 ·············· 98

| | 2 字符类帐书特点 | 108 |

七　九莲帐书的价值

| | 1 九莲帐书的社会功能 | 122 |
| | 2 九莲帐书的文化价值 | 125 |

八　九莲帐书发展思考

| | 1 正确认识九莲帐书 | 128 |
| | 2 九莲帐书发展建议 | 131 |

结语 ………… 134

引言

2008年6月，在实施中国民间文化遗产抢救工程和非物质文化遗产普查工作中，河南省新乡市民间文艺家协会在九莲山西莲寺，发现了神秘的"帐书"及其民俗信仰事象，并将其称为"九莲帐书"。由此，"九莲帐书"逐渐走入世人的视野。人们对这里的帐书文化、民俗信仰给予了高度关注，并发现西莲寺帐书中充满了神秘现象和待解之谜，有许多问题被神秘的气氛和迷信的外衣包裹着。根据民俗研究专家乔台山先生的总结，主要有以下几种"神秘现象"：

帐是由多种神秘符号和奇特绘画组成的。这些"天书"上的神秘符号的含义能够被破解出来吗？

多数写帐人文化程度很低，没学过美术，没练过书法，却能够熟练地写帐，能画出一些很复杂的图画，不用打稿，提笔就能写画。是潜意识，还是心理暗示？是幻觉，还是冥想？难道真的像藏族的《格萨尔》传唱人那样，是"神授天命"吗？

帐上的内容连写帐人都不知道，或一知半解，而开帐人却能够解释出来。开帐人对帐的解释是否准确？写帐人和开帐人之间是什么关系？写帐人都称，写帐是受上天的指示所写。他们有些人说自己曾试验过，有意不按"天意"写，就什么也写不成。这真是不解之谜，还是另有起因？

比如，帐书的创作者们从没有学过美术，却画出了奇特的图画；他们不认识字，更没有练过书法，却写出了具有一定书法韵味的"天书"。每当问及，他们就说有神灵指示，难道真的如迷信般有神灵指示？难道真的是天意使然？而这些图画和"天书"的意义何在？图画上面的各种物象又有何用意？……诸如此类的谜团越聚越多，也是众说纷纭。[1]

为揭开种种谜团，我们多次赴九莲山进行实地考察，拨开层层迷雾，尝试去解读这一文化现象。

---

[1] 乔台山. 帐盘真的不能被破解吗[EB/OL].[2009-11-12].http://blog.sina.com.cn/s/blog_5ee4bce70100ffph.html.

一 九莲山地理、人文状况

1 九莲山地理环境

九莲山属太行山脉。太行山,又名五行山、王母山、女娲山,是中国东部地区的重要山脉和地理分界线,位于山西高原与河北平原间,跨北京、河北、山西、河南四省、市。太行山脉北起北京西山,向南延伸至河南与山西交界地区的王屋山,西接山西高原,东临华北平原,呈东北—西南走向,绵延400余公里,是中国地形第二阶梯的东缘,也是黄土高原的东部界线。

在6亿年前,太行山地区是一片汪洋大海,后来经过了频繁的地壳活动,地面上升下降,海水时进时退。当海水退时,这里沼泽广布,气候温暖潮湿,生长着茂密的森林。发生在新生代的喜马拉雅运动使太行山强烈隆升,而山前的华北平原则相对下沉,经过数百万年的运动,太行山终于成形,后又与东西的华北大平原断裂,形成太行东部陡峭、西部徐缓的地貌形态。

太行山受拒马河、滹沱河、漳河、沁河等河流切割,多横谷,当地称横谷为"陉",古有"太行八陉"之称,为东西交通重要通道。太行山为重要地理分界,山以西为黄土高原,以东为黄淮海平原。山地对夏季风有明显阻滞作用,迎风坡降水较多,并形成暴雨区,山地东侧为强烈地震活动带。

太行山脉的地质基底是复式单斜褶皱。东侧为断层构造，相对高差达1500~2000米，山前是发育典型的洪积扇以及冲积平原。从北向南有小五台山（海拔2882米）、太白山、白石山、狼牙山、南坨山、阳曲山、王屋山等山峰。山西高原东部河流多切过太行山进入河北平原，汇入海河水系。只有西南部的沁河水系向南汇入黄河。

九莲飞瀑

九莲山属太行山南段山脉，形成于距今5.7亿年至8亿年之间的古生代寒武纪和元古代的震旦纪，是由于地壳运动所形成的。据清朝道光年间的《辉县志·山水》记载："九莲山在石门口内西部，上有九峰，形如莲花，故名九莲山。"山中自然环境优美，有呈"V"字形的两条大峡谷和一条长约15公里的雄伟绝伦的红岩绝壁，总面积约20平方公里。从行政区划上划分，九莲山属辉县上八里镇松树坪村，北临安阳林州、西接山西，距新乡55公里，距郑州120公里，附近公路有106国道、107国道、京珠高速、济东高速，铁路有京广线、新菏线、新焦线等，交通便利。

九莲山中有两条大峡谷，一条为西莲峡谷，路尽谷穷，九潭相连，高约120米的瀑布终年流水潺潺，峡谷底部潭对面悬崖上有"之"字云梯，共七道弯，有999个石阶。登上石阶，在苍莽群山之上、悠悠碧空之下，是九莲台。站在九莲台远望，九座山峰犹如九朵莲花盛开，可知九莲之称名不虚传。另外一条峡谷名叫关后大峡谷,终年流水,此峡谷瀑布有七八条之多。谷内奇石怪壁,珍花异草;两岸众山簇拥,亘古寂寞,鲜有人来,纯自然、原生态,故活跃着许多太行猕猴,峡谷内融山秀、石奇、水澈、林茂、潭幽于一体。

2　九莲山民俗风情

九莲山地理位置偏远,山势陡峭,而西莲寺更是只有一段陡峭的石阶可以攀登进入。因为对外交通不便,这里的人们在山中稍微平坦的地方开垦荒地,建造房屋,过着自给自足的生活,俨然世外桃源。

民俗信仰纷繁芜杂

九莲山民风淳朴,伴随着日常生活的发展,这里产生了复杂、独特的民俗信仰,其特点主要表现在三个方面:

第一个特点是从信仰的对象来看,西莲寺民俗信仰纷繁芜杂,儒释道共鸣,各路俗神一应俱全。寺内既有传统的神灵,如道教的太上老君、鸿钧老祖、王母娘娘、玉皇大帝,佛教的释迦佛、弥勒佛、观音菩萨等,人类始祖盘古、伏羲、女娲等;又有根据需要自由创造出的神灵,如九莲老母、眼光奶奶等;还有对伟大领袖毛泽东主席的信仰。这些神灵的安放也是自由组合,没有特别突出的主尊、副尊等秩序安排,如十二老母殿的西天老母、观音老母、泰山老母、劈山老母、送子老母、顺天老母、无生老母、地母娘娘、普贤老母、文殊老母、托天老母、金身老母的安放，就非常混乱。总之，西莲寺就是各种民俗信仰的集中地，这在其他地方的民俗信仰中是看不到的。

第二个特点是定期进行民俗信仰活动，内容独特有序。其时间主要定于阴历的三月三、六月六、九月九，一到这些日期，这里都要举行各种形式的祭神香会。在香会上，信众要把事先写好、绘好的"帐"交给各路神仙，要通过开帐、唱经表达意愿，最后交帐。其中尤以"九莲老母灯油圣会"最为隆重。根据朝谒九莲老母灯油圣会四季完满勒石记碑、朝谒九莲无生老母圣会四季圆满碑等多通石碑的"碑记"记载来看，这个灯油圣会约兴起于清初而盛于清雍正年间，主要参会的是周边和境内民众。每到这些香会时日，各地香客不畏山高路远，摩肩接踵，纷至沓来，以求"八卦山修正果，九莲台悟真谛"。

另外，有一些特别的节日，也进行简单的信仰活动。如阴历正月初九，在当地是玉皇大帝诞辰日，也有香客进行交帐活动。但相较于三月三、六月六、九月九这些日期的活动，就逊色不少。

第三个特点是当地人们将日常生活和精神活动融于一体，人神共处。西莲寺坐落于西莲村中，最初的寺庙和当地人的住宅一样，就几间房子。有很多人白天劳动，晚上拿上行李铺盖就居住在寺内，以唱经、唱红歌的方式来娱神或自娱。随着来寺庙的民众人数的增多，西莲村人就逐渐扩充了寺院建筑，晚上在这里居住的人就更多，这种生活方式是西莲村的一大特点。

节日习俗源远流长

九莲山的一些节日习俗也受到了中原传统文化的影响。虽然，随着现代社会生活的快速发展，山里的人们逐渐走向了富裕，很多人也逐渐搬离大山,融入了城镇生活,九莲山人们的习俗也在发生着重大变化,传统的习俗在逐渐消失,但在一些重大节日,我们还可以看到一些传统习俗的影子。

如过年的习俗,从腊月二十三起到正月十五,每天都有不同的风俗活动,二十三祭灶官,二十四扫房子,二十五磨豆腐,二十六去割肉,二十七蒸枣山,二十八贴年画,二十九去买酒,三十铜钱饺子和拦门棍……正月十五闹元宵。不同的时间要进行不同的活动,祭灶、打酒、剃头、守岁、拜年、送穷灰……每项活动都很有讲究,古老的习俗在这里得到了真实保存。如二十四扫房子,经过二十三的祭灶,灶王爷上天报告后,上天会派天兵来"视察"。为了打发天兵,人们第二天就开始动手打扫房子,所以腊月二十四这一天是最忙的,一家大人小孩儿都要帮着干活。扫房时把家具用床单、废纸蒙上,拿上绑着长把儿的扫帚把屋顶、墙壁、门窗都清扫一遍,家家户户大扫除也就成了延续时间最长久的传统习俗。除了灶王爷的传说外,对"二十四扫房子",当地民间还有另一种说法:腊月扫尘可以扫去灰(晦)气,带来福气。

再如端午节。在九莲山,端午节主要源于"田文端午立新规",端午又被称为"躲五"。传说古代的时候,人们把五月称为恶月,五月五日被称为恶日,此日生的孩子被称为"五日子"。"五日子"是父母的克星,谁也不敢抚养。齐国的田文是"五日子",父亲几次要害死他,多亏母亲保护,他才幸免于难。但父亲命令他,每到五月初五这天,他必须到外祖母家去"躲五"。田文长大以后,做了宰相,便下令改"躲五"为"端午",说五月五日是个端端正正的吉利日子,此日出生的孩子一律不准加害,也无须到外祖母家去"躲五"。自此以后,便有了端午节。端午节的习俗主要有插艾蒿、吃粽子、泡黄酒、吃油炸食品、吃鸡蛋、带五色线等。

"五月里有午端阳,粽子油条泡雄黄。"端午节时,九莲山人不仅要吃粽子,还要吃油炸食品。像糖糕、菜角、油条、麻花、麻叶等,都是人们常做的油炸食品。在众多的油炸食品中,糖糕和菜角是最典型、最有代表性的节日食品。

在端午节这天,有些人家很讲究吃鸡蛋。端午节早上,主妇们将鸡蛋煮熟后,放在孩子的肚皮上滚几下,然后去壳让孩子吃下。据说这样可以免除孩子的灾祸,日后孩子也不会肚子疼。

受古人五月五日为"恶日"说法的影响,端午节这天,民间还有许多消灾祛病、预防瘟疫的风俗。如插艾蒿、饮雄黄酒、带五色线都是这种风俗的遗留。采艾蒿的时辰也很有讲究。据说日出以前的艾性凉,可以辟邪。日出以后的艾性热,容易招邪,所以人们都要赶在日出以前上山采艾。当太阳还未升起,中原城乡还笼罩在晨霭之中时,这里的人们已踏着露水上路了。当太阳升起时,家家户户门前已挂上艾蒿了。

饮用雄黄酒,人们马上会想到《白蛇传》的故事,想起许仙让白娘子喝雄黄酒,以至端午节时白娘子现了原形,吓死了许仙的民间传说。不过,现在喝雄黄酒的人少了,大多是用雄黄酒给孩子抹耳朵、鼻子、肚脐,据说这样可以避瘟疫、杀蚰蜒、防蛇蝎,还可以预防毒疖。

带五色线,是孩子们最欢乐的时候。大人给他们手、脚系上五色彩线,脖子上挂上漂亮精美的香囊。他们神气十足,穿梭嬉戏在人前人后。这种五色线,是一种对生命的期盼。汉代应劭《风俗通》载:"五月五日,以五色丝系臂,名长命缕。"长命缕也称"续命缕",是希望孩子身体健康、长命百岁。另外,孩子是妇女们的理想模特,当孩子穿戴整齐,在众人面前炫耀母亲的女红技艺时,妇女们心理上就得到了巨大的安慰和满足。这些凝结着母亲一片爱子之心的儿童装饰品，为传统的端午节增添了令人心醉的色彩。

传说故事和民间歌谣丰富多彩

在历史的发展过程中，除了上述民俗风情，围绕九莲山也形成了很多民间传说故事，如脍炙人口的《九莲老母传说》《顺治讨饭的故事》以及一些民谣小调等。

九莲山和九莲老母的传说　传说，元始天尊的仙府玄都玉京里有一池莲花。这里有个仙女，日日侍奉莲花，和莲花亲如姐妹，玉京的神仙们都叫她莲花仙姑。

一天，元始天尊正闭目静养打坐，太乙救苦大帝匆匆忙忙赶来，说太行山南头一段发生旱灾，三年滴雨不落，山中的泉水都流不出来了；民众是吃不饱穿不暖，扶老携幼，逃荒要饭，苦不堪言。元始天尊听后，立马发令，遣将下凡到南太行救灾去。正在这时，莲花仙姑来了，对元始天尊说，她愿意下凡去南太行，救助受灾的百姓。

元始天尊准了莲花仙姑的请求，对莲花仙姑吩咐道："你去采一朵盛开的莲花，摘下两片莲叶，手持莲花，脚踏莲叶，自会飞腾，日行万里。到祥云出现时，把手中莲花掰下九个花瓣，撒向大地。花瓣所落之处，就是你在南太行的落脚修行处。你到那里施法普度，保佑众生，显示女神的本领。"

莲花仙姑按元始天尊的吩咐，脚踏莲叶，轻轻飘起，离开玄都玉京。一缕轻风吹来，仙姑耳边呼呼作响，她向地上落下来。突然，四周飘来一片白里透红的祥云，把莲花仙姑围住。于是，莲花仙姑把手中莲花掐下九个花瓣抛下来。九个莲花花瓣落在南太行山中，眨眼间，花瓣落下的地方突起九座山峰。接着,莲花仙姑落在这九座山峰中间的一块平地上。她把手中的莲花撒向四周,后来这里就成了一片荷花池。莲花仙姑脚踏的两片荷叶随风向东飘去,飘过深谷,随后落地。

莲花仙姑抬头四下望望,看到山崖上有个山洞,她就爬山进洞,在这里修行施法救助百姓。莲花仙姑先降了一场大雨,过了一段时间,山上山下灾消祸去,风调雨顺,百姓们眉头展开露出了笑容。又过了一段时间,百姓们知道山中来了个女神施法布道、救苦救难、保佑平安,便纷纷上山,一来叩谢女神,二来求女神赐福免灾保平安。

渐渐地,人们知道了这里的九座山峰是由莲花花瓣变化而成的,就把这里叫作九莲山;把九莲山中间那块平地叫作九莲台。过了不知多少年,这里有人居住了,将其改叫西莲。那两片莲叶落地的地方,也有人居住了,就一处叫东莲,一处叫中莲。

莲花仙姑在九莲山一待就是十几年,这里山清水秀,百姓善良,她无意回玄都玉京。元始天尊为了让莲花仙姑静心修行,早得正果,便不再将她召回,只是又加了一条严令,只准她苦行修道,不准结亲婚配。

莲花仙姑苦苦修行,为百姓赐福保佑平安。她受南太行百姓尊重,名声越来越大,声望越传越远。不知又过了多少年,莲花仙姑修得正果不知去向,只是隔段时间就来九莲山显灵布道。朝拜她的百姓们日益增多,并改称她为九莲老母。

后来,人们在西莲、中莲、东莲都盖了庙宇,把九莲老母供奉在庙中。四面八方的百姓纷纷上九莲山朝拜九莲老母,香火特别旺盛。

王莽撵刘秀的传说 在西汉末年,农民起义不断爆发,社会危机加剧,出身外戚世家的王莽便趁机夺取权力,到公元9年,自立为皇帝,改国号为"新"。

王莽掌权后，为了缓和阶级矛盾，便颁发诏令，进行改制，实行王田私属制、改革币制、统一度量衡等一系列措施。其改革措施，有些涉及当时社会的重大问题，如针对土地高度集中和奴婢问题实行王田私属制，其目的是缓和土地兼并、农民奴隶化进程，虽然有一定的进步意义，但这些政策触及了大地主、大商人的利益，如王田制实行后，地主官僚因"买卖田宅"获罪者不可胜数，这样原来拥护王莽的人，转而反对改制。再加上汉朝贵族常怀"恢复社稷之虑"、各地农民起义的加剧，新莽政权摇摇欲坠。

正当王莽政权分崩离析之际，一些汉朝贵族抱着"复高祖之业"的目的，直接起兵反抗，南阳大地主刘秀就是其中之一。

刘秀从地皇三年（22）联络南阳附近各县地主豪强起兵加入反对王莽的战争，经过三年的征战，于更始三年（25）六月在河北鄗城称帝，建立东汉，改元建武，后又经十几年的战争，统一了全国。

后人根据这些历史，附会了很多传说故事。王莽撵刘秀就是其中最为脍炙人口的故事之一。这个故事在很多地方都有流传，如河南南阳的伏牛山区、豫西北的太行山区等地都是该传说故事发生的核心区，属于太行山脉的九莲山也不乏这样的传说。

在九莲山西莲寺附近有一座山峰，形似报晓的公鸡，被称为鸡鸣山。相传，在西汉末年的一天，王莽追赶刘秀来到鸡鸣山下，由于山高路险，夜里他就率兵住宿在山岭的南面；这时候刘秀也人困马乏，就住在鸡鸣山的北面。两个人一山之隔，形势非常危险。第二天早上，两人都是听到鸡鸣起程，但山北面的鸡鸣较早，比南面要早二更，这样刘秀就早出发几个时辰，等王莽越过山岭，刘秀早已踪影全无，致使王莽未能撵上刘秀，最终刘秀顺利登基。后来，人们就把鸡鸣山南面的王莽宿营之地称为"王莽岭"，鸡鸣山北面的刘秀歇息之地称为"刘秀城"，这两处地名在当地沿用至今。

顺治讨饭的传说　传说在清代时，九莲山有很多飞禽走兽，人们受不了它们的侵扰，于是祈求上天保佑，这时盘古三皇鸿钧老祖便下凡进行治理，得到了人们的敬奉。当时病人很多，老君下界降妖治病，人们的生活才慢慢有了好转。

传说顺治路过此地，到后静宫时饥饿难忍，无法前行。这时正好遇到一位老太太拄着拐杖、背着篓子在路上走，顺治便问："您的家住哪里？可带有吃的东西？"老太太说："我家住后静宫，看来你是饿坏了！"老太太就拿出了吃的给顺治充饥。

在吃的时候，老太太说："看你这人不能劳动，五谷分辨不清，必是大富大贵之人，将来你富贵了，可别忘了后静宫呀！"说完话，老太太就不见了。

后来，顺治登基以后，就在后静宫创建寺院，一并建有九个院落，并题词："视之不见求者应，听之不闻报者灵。"

从后静宫出发步行三分钟可到后台，左边就是绝壁，绝壁边上有一条路，在这条路步行三十分钟就到达一个山洞，过了这个山洞就是山西王莽岭的锡崖沟，很多游客就是穿过这个洞从锡崖沟来到后台的。在这绝壁半腰有两个洞，据说第一个洞就是盘古修行的洞，第二个洞是劈山老母修行的洞。后台有两个庙，在这个庙前我们可以看到点将台（当地人俗称演兵场），身后就是一个天然溶石洞，这个洞由水冲刷形成，等到雨季就有一股山泉水流出，两边绝壁回声很响，名曰"响泉"。

位于后宫绝壁处，有三奇。一奇是苍龙脱裤。在断壁崖上，有十余米长石柱，形如一条苍龙爬在绝壁之上，头朝下垂，身空似龙脱裤。水从腹中流出，似龙戏水吐于崖下。二奇是莲花淋浴。在崖根处有一巨石，状如雨伞，石下有莲花图案，水沿莲花向下滴水，状如淋浴喷泉。

三奇是地下擂鼓。在莲花石下,有一条暗河,半里之外都能听到水声哗哗作响,如同擂鼓,催人奋进。

此外,对于此地的人文风景和民俗风情,我们也可以从一些民间歌谣中领略一二。在历史的长河中,在当地形成了诸多民谣,现摘录几首如下:

西莲

深山古寺是西莲,瀑鸣溪唱猴跳涧。
报晓金鸡引颈歌,迎客玉兔卧山巅。
珍贵青檀根抱石,洁白山菊崖壁悬。
救帝桑树枝叶茂,新近云梯惊且险。
仙人指路达崖顶,香绕古寺磬声远。
王莽岭峙刘秀城,西汉故事连景点。

小扁担

小扁担,两头尖,老母叫俺来担山。
一头担的潭中水,一头担的九莲山。
九莲山上善人多,手捧莲花念弥陀。

小黄豆

小黄豆,圆又圆,磨的豆腐似白莲。
金锅炒,银锅煎,豆腐煎成荷花鲜。
荷花白莲人喜欢,两手捧着敬老天。
老天看着哈哈笑,一年四季保平安。

二 西莲寺与帐书

1 西莲寺的历史

从西莲峡拾级而上,到达九莲台,一路风景,"山似莲花台上生,水如明珠谷中洒"。九莲台原本有一个名叫西莲的村庄,因包围这个村庄的九座山峰呈莲花的形状,且村庄位居峡谷的西侧,人们就给它起了一个美好的名字——西莲。村中有一寺名叫西莲寺,又名西新寺。现在,由于香客众多,随着寺院建筑的不断扩建,寺、村混为一体,村中有寺,寺中有村。

关于西莲寺始建年代,尚不详细,但从一些地名中,如王莽岭、刘秀城等,就可以看出其历史悠久。据相关记载,最迟在唐时已建寺观,属于道教圣地。目前,在西莲寺发现多块散落的清代康熙、雍正时期的石碑。仅存的碑刻,大多已残破不全、漫漶不清,但从碑刻资料看,明清时期,西莲寺的香火应该是非常旺盛的。

灵应储祥碑,现存河东路边,碑面正中刻有"灵应储祥",左边刻"直隶大名府滑县城南二十□许人氏现在常家□居住",右边落款"昔康熙五十九年十五日吉旦",中间字迹漫漶不清。

朝谒九莲老母灯油圣会四季完满勒石记碑,现存十二老母殿西侧,是雍正时期的一通碑刻,碑面正中刻有"朝谒九莲老母灯油圣会四季完满勒石记",上面记录了西莲寺附近参加九莲老母灯油圣会的人员名单,并落款"雍正十一年三月初三",碑刻周边线刻花卉图案装饰,其中可以看到莲花纹样。

另外还有两通清乾隆年间的碑刻,一是朝谒九莲无生老母圣会四季圆满碑,碑刻落款"乾隆六年二月十四日";二是乾隆功德碑,落款是"乾隆五十九年□月"。

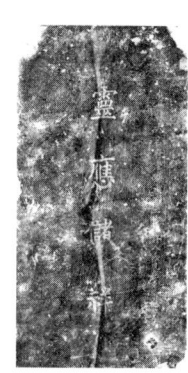

灵应储祥碑(左为碑刻、右为拓片)

朝谒九莲老母灯油圣会四季完满勒石记碑(左为碑刻、中为拓片、右为碑刻局部)

2　西莲寺之寺院

西莲寺位于西莲村中，坐北朝南，东临通慧河、西靠西山坡，山、河形成了天然的屏障，所以西莲寺是一座不设围墙的寺院，规模较大，共有五进院落。山门根据地形而设，稍偏向西南是一座面阔三小间的二层阁楼，用青石做墙壁，底层中部做成拱券形的通道，作为山门的入口，两侧为两小间房子，上层是观音楼，四周有石柱廊，顶为绿色琉璃瓦的歇山顶。室内部供奉观世音菩萨，持净瓶柳枝，旁伺善财童子和龙女。

从后面进入西莲寺正院，第一进院落是天王殿，面阔三间，进深一间，用青石垒砌，左右带有石柱廊，顶是黄色琉璃瓦单檐歇山顶，檐下有彩画的枋、阑额等木构建筑。殿内供奉弥勒佛，旁有四大天王，分别是持琵琶的东方持国天王、持索的西方广目天王、持宝剑的南方增长天王、持宝伞的北方多闻天王。天王殿的东侧有一座配殿——药王殿，坐东朝西，是一座硬山式的建筑，用青石垒砌，顶用黄色琉璃瓦，殿内供奉药王爷。

第二进院落是大雄宝殿，是一座用青石垒砌、左右带有石柱廊、面阔三间的重檐歇山顶建筑，顶用黄色琉璃瓦，檐下有彩画的枋、阑

西莲寺和西莲村

额等木构建筑。殿内供奉释迦佛，旁有阿弥陀佛、药师佛、文殊菩萨、普贤菩萨。其东侧有三座配殿，由南往北，分别为大悲殿、地藏殿、财神殿，均用青石垒砌，为前有柱廊、面阔三间的两层硬山式建筑。大悲殿为绿色琉璃瓦顶，地藏殿、财神殿为简易的石棉瓦顶。大悲殿供奉千手千眼观世音菩萨，地藏殿供奉地藏王菩萨，财神殿供奉武财神、包公。

第三进院落是十二老母殿，面阔三间，进深一间，用青石垒砌，顶为绿色琉璃瓦硬山顶。所供奉十二老母分别是：西天老母、观音老母、泰山老母、劈山老母、送子老母、顺天老母、无生老母、地母娘娘、普贤老母、文殊老母、托天老母、金身老母。东、西各有配殿一座，均为阎君殿，分别供奉十大阎君。东、西配殿均用青石垒砌，顶均用灰瓦覆盖，硬山顶，出前檐。

第四进院落为护法堂等建筑，主体为面阔三间、进深一间的两层楼阁式建筑，用青石垒砌，顶为黄色琉璃瓦的硬山顶。下为护法堂，供奉西天达摩祖师，旁有十八罗汉；上为凌霄殿，供奉玉皇大帝，旁有托塔天王、太白金星。紧挨着凌霄殿的西面，根据地形又建有一座王母殿，面阔三间，进深一间，出前檐，前廊并与凌霄殿相通，殿内供奉王母娘娘。东部也建有面阔三间、进深一间、灰瓦硬山式两层建筑，二层前廊也和凌霄殿相通。下为儒家神洞，供奉鸿钧老祖等；上为碧

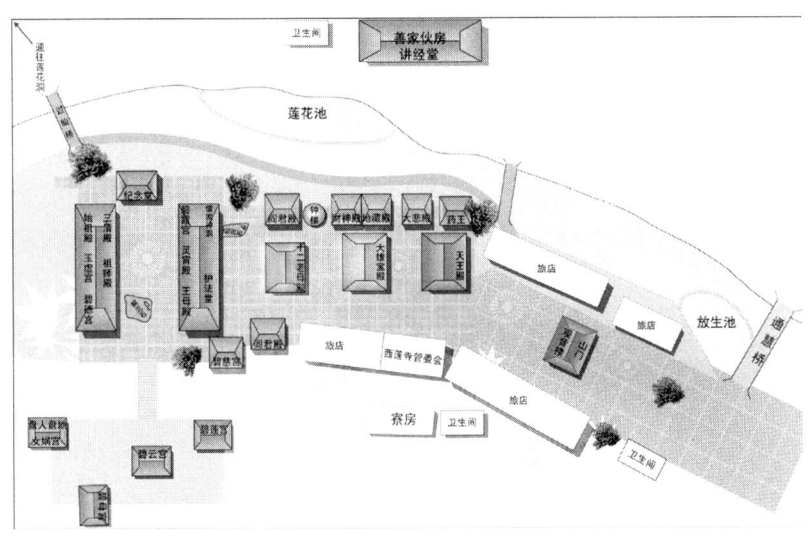

西莲寺平面图

霞宫，供奉大奶奶碧霞元君、二奶奶紫霞元君、三奶奶佩霞元君。院内有一天然的大石，名曰仙洞石。院内西侧另建有碧慈宫，面阔三间，进深一间，是一座青石砌墙、绿色琉璃瓦覆顶的硬山式建筑，殿内供奉眼光奶奶、耳光奶奶、拨灯奶奶。

第五进院落是祖师殿等殿堂，是一座面阔九间的两层楼格式、用青石垒砌、黄色琉璃瓦覆顶的硬山式建筑，出前檐。其中下层西部是高地，仅有中部和东部六间，分别为祖师殿、三清殿，祖师殿在中间，供奉真武大帝，三清殿在东边，供奉元始天尊、太上老君、通天教主。上层九间，用前廊相通，西边是老母殿，供奉九莲老母；中为玉虚宫，供奉鸿钧老祖；东为始祖殿，供奉盘古、伏羲等祖先神。在院落东侧另建有一座面阔三间、黄色琉璃瓦的硬山式建筑——伟人纪念堂，纪

西莲寺大雄宝殿

念开国伟人毛泽东等。

在第五进院落西侧的山腰处，依山势另建有四座殿堂，分别是碧莲宫、碧云宫、碧母宫和女娲宫。其中碧莲宫供奉三圣母、西天老母、金身老母；碧云宫供奉白玉奶奶、劈山老母和地母娘娘；碧母宫，也称聚凤洞，供奉无生老母和托天老母；女娲宫供奉女娲。

在这五进院落的数十间殿堂中，正殿奉佛，侧殿敬道，从始祖神（盘古、神农、伏羲）到道家神祇（元始天尊、灵宝天尊、太上老君、玉皇大帝和西天老母等）、佛家诸神（释迦佛、观音菩萨等）、地方神祇（九莲老母等）诸路神仙，应有尽有，一年四季香火旺盛不衰。西边山崖上还有四座殿堂，庙宇后边还有莲花洞，供奉着悟空等，各路神仙应有尽有。

3 西莲寺之帐书

何谓帐书?

帐书,也称为帐、盘、盘凢(有说是基、级二字)、帐盘、天书,是一些香客(自称按照所谓神的旨意),在纸或布上,或写出或绘出的图画、文字、符号等,其尺寸大小不一,短者一米,长者可达百米。对于帐书上的内容,写帐人自己也不知道写的是什么。帐写好后要定时定点展帐、开帐、交帐。展帐和开帐一般同时进行,就是帐写好后,要择期举行仪式,在信众面前打开,同时一些人用歌谣、舞蹈、戏曲,甚至"宇宙语"(自称)等形式逐段解释出帐上的内容,向心中的神诉说。交帐,就是在神殿面前用火把帐焚烧掉,代表着向神传递了心愿。

何人制作帐书?

关于帐书的创作者,从已经了解到的写帐人的情况看,写帐人的身份大致可按这样几种方式划分:

从职业构成上看,写帐人大多数是农民,居住在农村,或刚从农村搬到县城居住。如辉县顾（写帐者不愿透露姓名，仅以户籍及姓氏为代称），原是木匠出身，后来专职写帐书。也有新乡、安阳的无固定职业的市民，甚至有不愿透露姓名的公务员充当写帐人的。

从文化程度上看，大多数写帐人的文化程度很低。有的没有进过学堂，有的只是小学水平。如巩义张根本就没上过学，不识字，在帐书上写的字她自己都不认识，还有很多错字、别字；获嘉张只上过三年小学，他写花帐；辉县顾也只上过初小。但也有个别学历稍高的写帐人，如有一位写大帐的郑州宋，大专学历，学畜牧的，原住郑州，现在在安阳郊区租地种葫芦，这位宋先生是目前笔者遇到的文化程度最高的写帐人。

从性别上看，专门来庙里写帐的男性似乎比女性多；与人合帐的，女性比男性多；开帐的，女性比男性多。

从年龄上看，中年写帐人居多，老年人和青年人较少。现今五十多岁的人较多，应是"60后"。这一代人，在本该受到普及教育的年龄阶段，却因时代原因而荒废了；农村地区就是在20世纪80年代，也未实现"普九"教育，以致大部分人学识不高，但有一些人还是有一定基础知识的。

九莲山集体创作帐书的写帐人

从地域上看，来自安阳和新乡两地的写帐人居多，其次是来自濮阳、焦作和鹤壁的。外省的来自河北邯郸的比较多。另外，听写帐人讲，在开封和登封有帐写得很好的两个人。从自然地理状况分析，西莲寺坐落在深山区,而香客多来自平原和浅山区,农作物过去以麦粟为主,现在主要以小麦、玉米、棉花为主。从人口地理状况分析,安阳、新乡以及邯郸是人口密集地区。从经济地理状况分析,豫北是河南经济比较发达的地区。从文化地理状况分析,安阳、新乡以及邯郸,最早均属于殷商文化圈,应是文化积淀比较厚重的地区。从政治地理状况分析,如果从安阳九龙山—辉县九莲山—淮阳太昊陵拉一条线,与黄河呈十字交叉,南北纵向向外辐射一百五十公里,这个地区正好是黄河中游地区,即中原腹地,四大古都(安阳、洛阳、郑州、开封)在其内,五岳之中岳——嵩山在其境。综合起来分析,这个地区不是湘西,不是云贵,不是青藏,为什么至今还保留着如此原始、神秘的写帐现象呢?

从经济状况上看,写帐人大都很困难,或家中出了什么变故,遭遇了什么不幸,写帐人属于社会弱势群体(自述)。辉县顾,在县城租住别人房屋,和前妻生的大女儿正在上初中,和后妻生的男孩才三岁,他本人身体不好,不能操斧弄锯做木工活了,写帐期间家中经济收入主要靠妻子为人缝纫衣服而来,所以他写帐一段时间后还得回去找零工,维持生计。获嘉张,因为长期来山里写帐,加上家庭等原因,他的地被收走了,他写帐的费用主要靠合帐人资助。巩义张说,由于她长期在外写帐、开帐、交帐,所以她的户口就被取消了,现在心情很不好,就不想回家了。

写帐人都是香客,但香客不一定写帐,写帐人是香客中的一部分。有些写帐人每年离家几个月,不固定在一个庙里写帐,他们便被称为"跑山""跑庙"。写帐人和一般香客的一点区别是,写帐人写帐一般是分散的、个人的行动,而许多香客是由"香首""香头"组织带队,成群结队,集体行动。

还有合帐人。合帐人一般自己不写帐，或者不会写帐。他们与写帐人"合功"写帐，给写帐人做助手，或兑份子给写帐人以资助。但也有写帐人集在一起共同创作帐的现象。

写帐的工具材料

写帐使用的工具都是常见的工具材料。如笔，都是常见的水笔、绘画笔、硬头彩色绘画笔（记号笔）等，而所用的材料主要是布、纸等，布主要是素面的麻织布，纸有宣纸、印刷纸等。

帐书的形式

按照表现形式，帐书可以分为图画帐、文字帐和图符帐三种形式。

图画帐，主要是根据传说故事、神话故事创作出的一些具有图画性质的作品，其内容非常广泛。

文字帐，主要是一些写帐人创作出的具有文字性的帐书，有的类似甲骨文，有的类似鸟虫篆，有的类似汉字书法体，还有少数民族的文字掺杂其中，不易辨识。

图符帐，类似道教的一些灵符类的图案，如很多阴阳八卦图等就属于这一类。

三 帐书之源流

1 思想渊源

从九莲山帐书的使用来看,其主要用于祭祀、拜神的活动,而且在使用中还伴随着"展帐""开帐""交帐"等仪式,其中的"开帐"较为复杂,由一些着奇装异服的人负责,运用吟唱的方式,同时伴随着手舞足蹈,将帐书内容向"神"进行转述。这种开帐的方式和早期中国的巫觋行为近似,因此,推测其应该和古代的巫术活动有一定的渊源关系,应该说是中国早期巫术活动的孑遗。

中国早期的巫觋观念在古代文献和考古遗存中都有体现。《说文解字》载:"巫,祝也。女能事无形、以舞降神者也。象人两袖舞形,与工同意。古者巫咸初作巫。"紧接着又释"觋"曰:"能斋肃事神明也。在男曰觋,在女曰巫。"由此可知,"巫"为女性、以舞降神,"觋"为男性。而《周礼·春官》载有男巫、女巫之职,是以知巫不必为女性。《周礼·春官·大祝》记:"大祝掌六祝之辞,以事鬼神示,祈福祥,求永贞。"其他小祝、司巫、男巫、女巫之职司,亦无非鬼神山川宗庙之祭、祈降时雨、拔除凶旱等,都为沟通天地神人之事。《尚书·伊训》曰:"敢有恒舞于宫,酣歌于室,时谓巫风。"疏云:"巫以歌舞事神,故歌舞为巫觋之风俗也。"《山海经》中也有关于巫觋的记载，并且是群巫同出。如其中《大荒西经》载："大荒之中……有灵山，巫咸、巫即、巫盼、巫彭、巫姑、巫真、巫礼、巫抵、巫谢、巫罗十巫，从此升降，百药爰在。"《海外西经》载："巫咸国在女丑北，右手操青蛇，左手操赤蛇，在登葆山，群巫所从上下也。"这里提到的"升降"及"上下"，指的是群巫以高山为天梯上下于天。巫在上古，扮演了沟通天地的角色。从这些记载看，中国早期的巫觋，都是"事神明""通天地"的专职人员，而其"事神明""通天地"的主要方式是"歌舞"。在九莲山西莲寺的民俗活动中，展帐时，也有专职的人员对着每一幅帐书手舞足蹈，口中念念有词，这种方式和文献记载的巫觋行为是一致的，所以，九莲山西莲寺的帐书，可能是巫术活动中的一种载体或道具而已。

2　文化根基

从艺术的角度看，九莲帐书的艺术水平相对较高，其艺术形式多样，都有着深厚的民族文化积淀，主要表现在色彩和形式感的运用两个方面。在色彩上，帐书多大红大紫、色彩纷繁，具有典型的民间审美特点，给人以亲切的艺术感受。在形式上，它是高雅的，具有很强的形式美感。像题名为"风调雨顺"一类帐书，在九莲山展出的作品中还不在少数。风调雨顺帐和楚国时期的绘图风格一脉相承。作者没有受过专业训练，但有民族感情积淀，有民间艺人的独特创造能力，画的龙凤很规范，和古代龙凤的构图基本一致，是中国传统的表达方式。还有一些帐上画了天国的门（古代天门叫璧门，又叫玉门，因为古人想象天门是玉做的，上面的玉璧是其中一个主要特征）。画画的百姓没学过玉门的知识，不知道天门就是璧门，但同样在门上画了圆圆的玉璧。这就是民族的传统，潜移默化地一代一代往下传。中华文化对鱼、蛙、葫芦等形象情有独钟，反映了生殖崇拜的传统思想，是中华文化原型。西莲寺大雄宝殿和其他大殿的屋顶上雕塑的到处是葫芦，观音楼上画的也是一大片葫芦。生活中见到挑担的老先生，前面挑着大葫芦，后面挑一串小葫芦。画的帐里面多有盘瓠，盘瓠也是葫

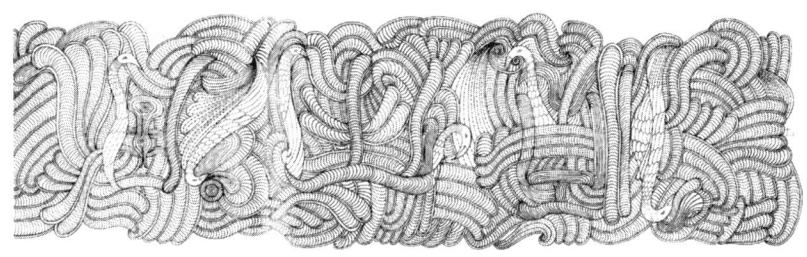
风调雨顺帐

芦。这不是巧合,而是几千年来中华农业文明生殖崇拜、祖先崇拜的观念在文物和生活中的表现,都是实实在在的民间信仰。挑担的葫芦是真实的葫芦,是活着的俗信。盘瓠和盘古到底是怎么回事?学术界争得一塌糊涂,有的说盘古是盘古,盘瓠才是葫芦。但在老百姓心里,盘瓠和盘古是一回事,画帐画盘瓠,可见中国民间盘古信仰深入人心,葫芦崇拜天长地久。

因此,陈江风先生对帐文化的源流问题用六个字概括为"旧传统,新发展"。所谓"旧传统",就是此情此景自有渊源,不是今天突然从天上掉下来的。帐书文化主要传承的是道教文化。在儒释道三教合流的大背景下,九莲山地区的帐书文化在流传的过程中也表现出三教合流的特点,其本质特征仍属于道教文化。所以,道教的诸如"画符""云篆""复文"之类的形式在帐书中都有体现,帐书的某些文化形式和文化元素在今天看来依然很亲切。至于从帐书图案中看到青铜文化的影子,看到楚文化漆器的影子,说明帐书中有很强的中国传统文化的积淀,对于创作者来讲可能是一种无意识的活动,但从中却可以折射出传统文化对今天的影响。帐书是有文化渊源的,是有传承方式、传

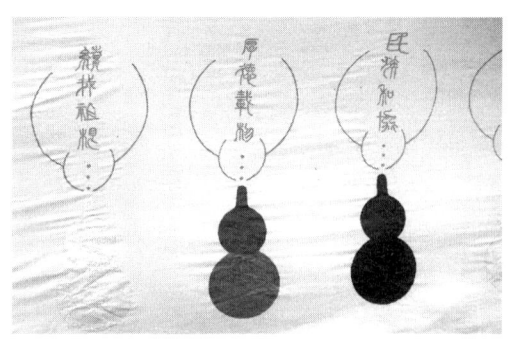

葫芦帐

承渠道的，只是后来被我们当作封建迷信斩断了。所谓"新发展"，一是人群的发展，二是题材的发展。主要原因是社会的变化及传承方式的变化。关于帐书技术层面的传承，过去是有着相对固定的人群的。古代生产力落后，教育不普及，写帐和画帐都集中在有知识、有文化的巫师道士手里，这些人代代相传，人群小而稳定，题材大多有本可依。过去巫道所做的这些事情，现在普通百姓都可以做，题材宽泛了，只要能表达群众心中所想，达到目的就可以取材为我所用。更有意思的是，写帐人聚在一起还经常唱红歌，这是与时俱进的。主流文化是一回事，老百姓按照自己的生活方式生活是另外一回事。但是百姓也要懂得法律法规，在遵守国家法律法规的前提下去表达意愿和信仰。真正地尊重百姓、尊重百姓的生活方式，在合法的前提下让百姓丰富自己的精神生活，是很重要的。

3　形式流变

帐书作为巫术活动的道具或工具,就目前的发现看,其形式在史前文化遗址中已经出现。而关于古代巫术活动的道具,据前述《山海经》文献中载有"右手操青蛇,左手操赤蛇",是否有其他的道具?从目前发现的遗存看,应该有不同的道具或者载体。

古代传说"黄帝四面""仓颉四目",这种四面、四目的面貌可能是事神之人所戴之面具,而这种道具在考古遗存中也有发现,在史前文化中比较突出的是仰韶文化半坡遗址出土的人面鱼纹彩陶盆和良渚文化反山墓地出土的神人兽面纹玉冠状饰。

人面鱼纹彩陶盆发现于1955年陕西西安半坡遗址中,陶盆是以细泥为原料,捏成型后着彩放在窑里烧制而成的彩陶器。盆的底部略平,腹部突出,也比较深,盆内壁光滑,外表粗糙,盆的内壁和口唇绘有对称的人面纹和鱼纹。陶盆呈红色,盆上的花纹是黑色,红底黑花表现了当时绘画艺术水平和人们丰富的想象力。人面作圆形或椭圆形,眼及耳梢以上作黑彩,眉作空白的弯曲线状或涂黑,鼻作倒"T"字形或垂三角形,眼用两条线段表示。耳部向外平伸向上翘起弯曲成钩,两耳边各有一条小鱼。嘴部以下全黑,嘴唇作"Z"字形,两嘴

半坡遗址出土人面鱼纹彩陶盆

角边有两道交叉斜线,或各衔一条小鱼。人面头顶有三角形的发髻,另外还有相交的两线呈尖锥状。整个构图,人面居主位,鱼纹居于人面纹两旁。关于其用意,发掘者指出人、鱼的关系有"寓人于鱼""鱼生人"等含义,可以作为图腾崇拜对象来解释。但也有学者提出这种人面鱼纹可能是巫师的面孔[1],如果此说成立,那么这应该可以看作是中国最早的巫师。

20世纪80年代,良渚文化反山墓地、瑶山祭坛遗址中出土玉器上的"神人兽面纹",主要发现于玉琮和玉冠状器上,图案独特,以反山墓地M12:98为例,神人的脸面作倒梯形。重圈为眼,两侧有短线象征眼角。宽鼻,以弧线勾画鼻翼。阔嘴,内以横长线再加直短线分割,表示牙齿。头上所戴,外层是高耸宽大的冠,冠上刻十余组单线和双线组合的放射状羽毛,可称为羽冠;内层是帽,刻十余组紧密的卷云纹。脸面和冠帽均是微凸的浅浮雕。上肢形态为耸肩、平臂、弯肘、五指平张叉向腰部。下肢作蹲踞状,脚为三爪的鸟足。四肢均是阴纹线刻,肢体上密布卷云纹、短直线和弧线,关节部位均有小尖角外伸。在神人的胸腹部以浅浮雕突出威严的兽面纹。重圈为眼,外圈如蛋形,表示眼眶和眼睑,刻满卷云纹和长短弧线。眼眶之间有短

---

[1] 玛瑞林·胡(Marilyn Fu)提出,两耳珥鱼,可与《山海经》里两耳珥蛇的巫师相比较。如果此说为实,中国的巫师如没有更早的渊源,便可能出现于仰韶时期。参见张光直. 美术、神话与祭祀[M]. 郭净,译. 沈阳:辽宁教育出版社,2002:97-98。

桥相连，也刻卷云纹和短直线。宽鼻，鼻翼外张。阔嘴，嘴中间以小三角表示牙齿，两侧外伸两对獠牙，里侧獠牙向上，外侧獠牙向下。鼻、嘴范围内均以卷云纹和弧线、直线填满空当。[1]方辉先生认为良渚文化的"神徽"，乃是巫师头戴木质面具及羽冠，手持双璧主持巫术礼仪或祭祀的形象。[2]

反山良渚文化墓葬出土玉琮神人兽面纹饰

由此可见，巫术活动应该起源于史前时期，那么巫术活动中的类似于帐书的道具或者媒介，起源于什么时期呢？从目前的资料看，最迟到商周时期，巫术活动已经开始借助于相关的媒介而实施。

夏商周时期巫术活动也极为活跃，在文献中有诸多记载，如《礼记·表记》载："夏道尊命，事鬼敬神而远之。……殷人尊神，率民以事神，先鬼而后礼。……周人尊礼尚施，事鬼敬神而远之。"考古发掘出土的青铜器，是当时贵族祭祀使用的主要礼器，装饰有丰富的兽面纹和龙纹、凤纹等图案。一些学者研究指出："商周的青铜礼器是为通民神，亦即通天地之用的，而使用它们的是巫觋。"[3]进一步研究认为，"商周青铜器上的动物纹样乃是助理巫觋通天地工作的各种动物在青铜彝器上的形象"[4]。也可以说，商周时期的青铜器和其

---

[1] 王明达.浙江余杭反山良渚墓地发掘简报[J].文物，1988（1）.
[2] 方辉.海岱地区青铜时代考古[M].济南：山东大学出版社，2007：421.
[3] 张光直.中国青铜时代[M].北京：生活·读书·新知三联书店，1999：433.
[4] 张光直.中国青铜时代[M].北京：生活·读书·新知三联书店，1999：435.

上的动物图案是当时巫术活动的主要道具。

春秋战国时期，巫术活动也很盛行。1978年在湖北随州曾侯乙墓出土的彩漆内棺两帮，描绘了方相氏率领神兽执戈驱疫的傩仪图，众多神怪、羽人等图像。在内棺左右侧板上，在户牖纹两旁，各画八位兽面人身、手执双戈、两臂曲举、状若起舞的怪物。其中，处在上层的四位，大头小身，头戴似熊头的四目假面具，足踩火焰纹；处在下层的四位，头上有角，两腮有长须，颇似羊首，双腿染黑，胸饰交叉网结纹，耳际饰云纹。有学者认为："头戴熊首假面的怪物，是古代'傩仪'中的方相氏；下面四位羊首怪物，是由百隶装扮的神兽。"[1]这些神怪、羽人应该是当时巫觋（方相氏）进行巫术活动的主要媒介。

早在先秦时期，中国的神仙方士学说已开始流行，到秦汉时期，俨然成为皇家信仰。陈江风先生提出："道教于东汉时期正式创立，之前方士们已有类似于画符写帐书一类的活动用于民间生活与丧葬仪式当中。丧葬仪式中用得较多的是一种被称为'铭旌'的东西，铭旌上通常写有升天的祈愿、画一些象征性的符号，以帮助灵魂升天。"[2]如长沙马王堆汉墓出土的"T"形帛画，用于丧葬，历史上称为铭旌。该帛画所绘的是

曾侯乙墓出土漆棺画

---

[1] 祝建华，汤池.曾侯墓漆画初探[J].美术研究，1980（2）.
[2] 陈江风，訾琳溁.九莲山帐书文化源流臆说[J].郑州轻工业学院学报（社会科学版），2012（4）：34.

灵魂升天的象征场面。当时在铭旌和一系列魇镇器物上画符、写祝语、写咒语已经很普遍，说明这些事项早于道教的建立。

这种形式不仅长期在民间使用，也适用于王侯将相，而且逐渐文学化。更有甚者，以此受宠，赢得帝王的欢心。这种文体在道教文学史上称为步虚词（步虚词，道家曲也，备言众仙缥缈轻举之美）。步虚词在南北朝时就有，唐宋以后民间做道场流传的散花词就是这种文体的演变，和道教文化有关。除步虚词以外，还有一种与帐书相关的文体叫作青词。青词大体产生于唐代。青词又称绿章，是道教仪式中献给上天的奏章祝文，多为骈俪体，形式工整，文字华丽。据唐朝人李肇《翰林志》解释："凡太清宫道观荐告词文用青藤纸，朱字，谓之青词。"这条记载讲得清楚，青词是道观里用来与上天通话的文体，是用朱砂写在青藤纸上的通神文字。

青词也是明代帝王非常喜欢的东西，其性质就是宫中文人写帐书。青词写在青藤纸或绢帛上，由皇帝念给神明听，有时是大臣去念，念了以后烧掉，这一点与九莲山群众给上天交帐相像，是一种与天对话的形式。明朝奸臣严嵩，之所以得宠，其中一个原因就是他擅于写青词，会写帐书会邀宠，后来就成了首辅大臣。据《明史·宰辅年表》统计：嘉靖十七年之后，内阁十四个辅臣中，有九人是通过写青词起家的。首辅大臣中，除严嵩之外，还有徐阶等人都是青词高手。这种"终南捷径"甚至被后辈垂涎，传为典故。难怪清人元璟在求官不能如愿之后，写诗叹道："欲与重华语，青辞何处陈。"因此，我们说，帐书这种形式不是从天上掉下来的，是有传统的，不过历史上画符是道士和少数文人的特权，现在流传到民间了。九莲山的情况就是人民大众传承这种文化的一个典型案例，其他地方也有写帐书的文化现象。比如，笔者在做民俗考察时就亲眼看到济源王屋山仙观、淮阳太昊陵的群众

道教灵符

有写帐书的民俗现象，只是没有九莲山这么大的规模罢了。

这种传统就是中国道教的符咒传统。符咒是中国传统道教诸多修炼中重要的组成部分。符咒包括咒语和符箓。什么叫"咒"？《说文解字》载："祝者咒也。"远古时祝、咒不分，可以互训。《尚书·无逸》疏文云："祝音咒，诅咒为告神明令加殃咎也。"说明最初的咒语就是用语言告诉神明，要求他老人家援手惩罚恶人，而且带有向神明发誓的因素。而符箓则是用符文求神灵保佑消灾赐福的手段。在历史的长河中，纷繁的符箓道法，千奇百怪，表现各异。概括起来，主要有四种：

第一种称为"复文"。所谓复文，是指每个符文由两个或多个小字组合而成。这些组合而成的复文，拼组成一幅幅符箓。复文还有一些是由多道横竖曲扭的笔画组合而成。这一类复文形式的符箓与九莲山的某些帐书文字十分相像。

第二种符箓文字的表现形式称为"云篆"。云篆多用来表现人们想象的天书，即模仿天空云气变幻形状或模仿古篆、籀体加以变形而造做出的符箓。这种表现形式被九莲山帐书广泛传承。

第三种符箓文字的表现形式称为"灵符""宝符"，由更为复杂多变的圈圈点点和繁复线条构成各种图形或神秘文字，具有很强的神秘意味。

第四种形式称为"符图"。顾名思义,这种符箓是既有图又有文,一般由天神形象与神秘符文结为一体,这类符箓多发现在古墓葬随葬品中。

总之,道教符箓形式多样,使用十分广泛,有的用于为人治病,有的用于驱鬼避邪,有的用于救灾止害,也有的用于书符、章表,上奏天神祈福。古时,符箓和咒语多由巫祝或道士们操作,专业性很强,是神职人员的专利;而九莲山区群众的帐书多是群众自己创作,是用来奉献给上天祈福消灾、保佑事业顺利和身体健康的一种方式。

如今,在豫北地区还有纸马灵符画像的孑遗,在滑县的木版年画中还经常可见。纸马多以佛教、道教的祖师、神仙和民间众神为图画对象,祭祀时用来焚烧。灵符是多用道教的一些"符图"为图画对象的一种民间图画,有祈福的、聚财的、辟邪的等多种形式,配合咒语使用,要进行焚烧。

由此看来,写帐作为一种文化现象经历了从民间到皇家,又从皇家到民间的发展过程。这个过程符合文化发展规律,不足为奇,这其中有很深的社会学、文化学、心理学原因,不能简单地把写帐书这种活动看成是封建迷信。

之所以这样说,是因为每一个民族的文化都是伴随着自己独特的经历而逐步成长、成熟起来的。中华农业文明的发展创造了华夏文明的精神信仰

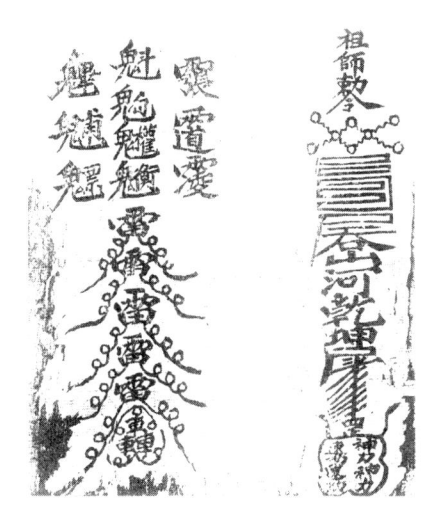

滑县年画中的灵符

和生活方式，今天看来有些传统文化事项已经跟不上现代文明的要求，但民间传习的这些生活事项是传统生活方式和精神信仰的遗留，是我们民族文化曾经存在的见证。像西莲寺写帐、交帐这样的文化现象，它们过去和现在都发挥着解决群众精神信仰和排解群众心理障碍的文化作用，而且，老百姓现在已经习惯了这样的生活。也就是说，百姓有自己的生活方式和生活习惯，执政者要尊重他们的选择。中国不同民族、不同层次的人群有不同的生活经历和习惯，只要这些习惯符合中华人民共和国法律条文的规定，人们都应该承认其行为的合法性。要承认并习惯社会和人的差异性。20世纪80年代以来，九莲山的百姓和香客们自己出钱，修葺庙宇，烧香也好，拜佛也好，治疗了许多人的心理疾患，满足了部分人的精神需求，这是一种功德。有了这些庙，又给新乡的文化旅游事业打造了一个极好的品牌，老百姓过得高高兴兴，旅游又带动了就业、改善了民生，何乐而不为？

四 帐书之题材

根据图画帐的图绘内容，其题材非常广泛，基本可以分为传说故事类、宗教神话人物类、动物类、天象类、符图类、花卉类等题材内容。

1 传说故事类题材

图画帐主要是根据历史上的传说故事所绘的图画内容，所采用的题材有戏曲故事、民间传说故事等，如常见的《西游记》《八仙传说》《白蛇传》和牛郎织女的传说故事等，都是脍炙人口的传说故事。

《西游记》的故事，创作者主要描绘了西游记故事中的众多人物形象。写帐人通过寥寥数笔就能使我们容易识别出孙悟空、沙和尚、如来佛、观音菩萨、托塔天王、哪吒等人物形象，这些人物的形象都刻画得简单。写帐人通过人物的行为、动作和装束来标明身份。如对孙悟空的刻画，人物面部刻画不清，但对人物的姿态、身上的衣着、手中所持的金箍棒的描绘，让我们一眼就能认出该人物的身份，非常简单明了。

类似的创作手法在《八仙传说》的图画帐中也有所体现，我们从图画中人物所持法器很容易辨别出铁拐李（李玄/李洪水）、汉钟离（钟离权）、张果老、蓝采和、何仙姑（何晓云）、吕洞宾（吕岩）、韩湘子、曹国舅（曹景休）等人物形象。

而牛郎织女的传说故事图画帐主要采用连续性的图画表现故事情节。从牛郎与老牛相依为命开始，描绘了取衣牵情、结为夫妻、男耕女织、生儿育女、天庭震怒、鹊桥相会等故事情节,把牛郎织女的传说故事用图画的形式描述出来。画中人物也是采用平涂的方法进行简单描绘,不注重细节描绘,只重形似。

《西游记》人物图画帐之一

《西游记》人物图画帐之二

《八仙传说》人物图画帐

牛郎织女传说故事图画帐之初识

牛郎织女传说故事图画帐之牛郎取衣牵情

牛郎织女传说故事图画帐之结为夫妻

牛郎织女传说故事图画帐之鹊桥相会

《白蛇传》图画帐主要选取了重点故事情节进行描绘，如水漫金山寺的故事图画。该故事在一张布匹上进行描绘，一边是寺庙楼阁，楼阁之上，在一团云的上边，法海大师盘腿坐

《白蛇传》图画帐之水漫金山寺

于莲花座上，身披袈裟，手拨念珠，身边一个小和尚肩背禅杖，伺候于旁；一边是白蛇姑娘和青蛇姑娘，其中白蛇姑娘在上，头挽高髻，一身白衣，双手持剑，正在施法，其下是青蛇姑娘，头挽高髻，一身青衣，双手持令旗，似在协助白蛇姑娘施法；图画下部是两者斗法所产生的波涛汹涌的大水，图画形象生动。图画正上方有榜题"水漫金山寺"字样。

还有一些图画帐，采用了墨线勾勒的手法。如许仙开保和堂治病救人的故事，但图画正上方有榜题"董永给病人看病情　药店情景""保和堂"字样。在董永的传说故事中，董永仅为一位农民，也没有开过保和堂。而许仙是医徒，也在白娘子的支持下开过保和堂，所以该图画榜题可能是因创作者对两个故事的混淆而误写。图画左下角有一个病人端坐于桌旁，桌后

《白蛇传》图画帐之保和堂治病救人

四　帐书之题材 | 45

《清明上河图》部分场景图画帐

一人,应为许仙,右手握笔研墨,左手正要给病人把脉;右下边是许仙正在招呼病人就医的场面。左上角描绘的则是药店的伙计正在炮制中药的画面;右上角似乎描绘的是结账买药的场面,前面还有一组人物,其中两个小孩似在玩耍,左边一位男子,呈站立状,右边一位妇人,端坐于椅上。

也有采用历史上的画卷为创作内容的。如截取北宋画家张择端《清明上河图》中的部分场景,加以改造,以表现太平盛世的愿望。帐的上半部描绘的是天宫中的景象,有楼阁阙台,有五个仙人,踏云乘鹤,注视着人间一派升平的景象;画面的下部是繁忙的都市街景;画面右上角题写榜题"清明上河图"。根据画面可以看出,该帐描述的可能是《清明上河图》中的后段——热闹市区街道的一些场景,以宽广的街道为中心,两边的屋宇鳞次栉比,各种商贩沿街设摊,还有茶坊、酒肆、脚店、肉铺、庙宇、公廨等。商店中有绫罗绸缎、珠宝香料、香火纸马等的专门经营,此外尚有医药门诊、大车修理、看相算命、修面整容,各行各业,应有尽有,大的商店门首还扎有"彩楼欢门",悬挂市招,招揽生意,街市行人,摩肩接踵,川流不息。有做生意的商贾,有看街景的士绅,有骑马的官吏,有叫卖的小贩,有乘坐轿子的大家眷属,有身负背篓的行脚僧人,有问路的外乡游客,有听说书的街巷小儿,有酒楼中狂饮的豪门子弟,有城边行乞的残疾老人,男女老幼,士农工商,三教九流,无所不备。交通运载工具有轿子、骆驼、牛马车、人力车,有太平车、平头车,形形色色,样样俱全。这些都绘色绘形地展现在人们的眼前。

有的图画帐用概括抽象的手法描绘了古代官员出行的画面,如出巡图画中主要人物乘坐在华盖辇车中,前有仪仗队,并用神兽驾驭,衙役、侍者分列左右前后,依次行进,表现了官员出行的威仪。

有的图画帐,画面饱满,采用了诸多戏剧表演中的人物形象,所

官员出巡图画帐

戏剧人物图画帐

社会生活图画帐

有人物一字排开,基本没有任何背景,也没有做任何渲染,仅仅把每个人物简单地罗列出来,但通过脸谱的变化,基本可以辨别人物的忠奸善恶和人物的基本身份。

也有极少部分表现现代社会生活内容的图画帐,表现了当代社会生活的场景。道路上车流通畅,路中架设的桥、隧道都有表现,道路两旁有崇山峻岭以及忙忙碌碌的人们。其采用全景式的构图,表现出了汽车行驶的路线和目的地。

2 宗教神话人物类题材

中国的神话传说非常丰富，产生了众多的人物形象，后又与道教、佛教、儒教等宗教人物相结合，形成了独特的宗教神话人物序列，而这些神话人物历来就是民间重点刻画的对象之一，在帐中也有众多的表现。

中国民间信仰主要是指俗神信仰，就是说，是非宗教信仰。这种信仰在中国具有悠久的历史，而且比佛教信仰和道教信仰更具有民间的特色。中国民间俗神信仰的一个典型特征，就是把传统信仰的神灵和各种宗教的神灵进行反复筛选、淘汰、组合，构成一个杂乱的神灵信仰体系。不问各路神灵的出身来历，有灵就香火旺。这鲜明地反映了中国世俗信仰的多元性和功利性。所以说，中国民间信仰具有多教合一、多神崇拜的特点。

中国民间信仰的这些特点在九莲山帐书中也有多处体现。经过调查走访得知，香客和写帐人有很大一部分在生活中遇到了不幸，受到委屈、冤屈、挫折、打击，积存了过多的怨愤、不满、情绪、仇恨，他来庙里诉说，祈求神灵为他做主，替他解难消灾。因此，诸多的神灵与神兽出现在帐书中也就不足为怪了。

宗教神话人物帐之一

有的帐书中,就出现了将诸多宗教神话人物安排在一个画面中的构图,如写帐人将玉皇大帝、王母娘娘、如来佛祖、观音菩萨等分属于不同宗教体系的人物,同时安排在一组画面中,而且从所处位置看,他们具有同等重要的地位,这种安排正是中国民间信仰多神崇拜特点的形象反映。

宗教神话人物帐之二

有的帐书中还出现了木船的形象,如在画面的上半部分有日、月、星辰、山、树木、玉皇大帝、王母娘娘等图画,下半部分绘有一只黑褐色木船,船上有船夫、乘客等人,另有一凤一龙分别立于船头和船尾,有着特别的吉祥寓意。木船的含义是渡船、渡人,和寺庙里渡桥的作用是一样的。佛教里常提到"普度众生",指普遍引度所有的人,使他们脱离苦海,登上彼岸。所以,此处所画木船表达的正是祈求神灵救苦救难、博施济众的含义,具有重要的符号功能。

还有部分帐书采用了新发现的古代图腾神话图像资料,如人面鱼纹帐,基本上是仰韶文化半坡遗址出土彩陶器上的纹样的翻版。这种人面鱼纹最早被发现于1955年陕西西安半坡遗址出土的彩陶盆上。该陶盆是以细泥为原料，捏成型后着彩放在窑里烧制而成的彩陶器。盆的底部略平，腹部突出，也比较深。盆内壁光滑，外表粗糙。盆的内壁和口唇绘有对称的人面纹和鱼纹。陶盆本身是红色，盆上的花纹是黑色。红底黑花表现了当时绘画艺术水平和人们丰富的想象力。人面鱼纹盆内壁的人面作圆形，头戴高冠或头饰。五官部分近似人面的形象，口衔双鱼。鱼形用弧线、三角、圈点表

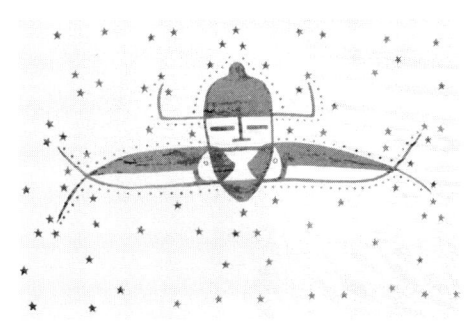

人面鱼纹帐

人面鸟身的神话人物帐

示鱼头，用交叉斜线画出鱼身、鱼鳞，并用平涂黑色的方法表示鱼背。整个陶盆的构图，人面居主位，鱼纹居人面纹两旁，表现了人与鱼之间的亲密关系。半坡遗址出土的人面鱼纹纹样种类较多，有近十种，这个帐书采用的仅仅是其中的一种，而且也将其绘于红色的布帛上，和半坡彩陶红地黑彩的形式近似，仅人物的脸型稍有区别，另于布帛上绘以无数的星纹。

还有部分帐书的题材采用了古代文献中的资料，如《山海经》中所描述的神怪人物，在帐书中也有所体现。如有两幅帐盘中绘有人面鸟身的神异形象，和文献中记载的神怪形象基本一样，《山海经·中山经》记载："凡荆山之首，自景山至琴鼓之山，凡二十三山，二千八百九十里，其神状皆鸟身而人面。"《抱朴子·对俗篇》也有记载："千岁之鸟，

四 帐书之题材 | 51

万岁之禽,皆人面而鸟身。"这两幅帐盘中的神异形象,不仅是人面鸟身,而且人面大都是美丽的女性面相,背生双翅,并绘有孔雀般漂亮的尾翎。

3 动物类题材

神话动物帐

神话中的动物是现实世界中没有的,是艺术家根据某些现实动物原型新创造出来的集多种动物形象于一体的幻想动物。这类动物,被中华民族的先民们赋予了重要的神化功能,所以被称为神话性动物纹。在帐书中表现较多的主要有龙纹和凤鸟纹两类。它是一种民间信仰的反映。

民间信仰是指民众自发地对具有超自然力的精神体的信奉与尊重。它包括原始宗教在民间的传承、人为宗教在民间的渗透、民间普遍的俗信以及一般的民众迷信。

九莲山写帐现象应该属于民间信仰的一种类型,是这一特定区域的民众普遍存在的俗信。在民间信仰中,自然崇拜是表现较多的一个方面。

自然神崇拜主要来源于远古。在史前时期的人们眼里,强大的自然物如日月星辰、山川木石、鸟兽虫鱼等,神秘的自然力如风雨雷电、霓虹云雾等,都具有至高无上的灵性,往往能主宰人的命运,改变人

们的生活。因此，在人不能认识和征服它们的时候，就只好把它们当作有生命力的神灵加以顶礼膜拜。这种原始的宗教信仰与活动，就叫作自然崇拜。在九莲山的帐书中，有不少是自然崇拜的遗留陈迹。

在一幅名为"龙凤帐"的帐书中，日月星云、山川木石汇集在一起，似乎代表着某种超自然的力量。帐书上方有被涂以各种色彩的莲花，或许是佛的象征。下方的人物显然是各路神灵。画面正中是腾驾在云气纹中的龙与凤。各种符箓文字穿插在画面的空隙之中。

龙与凤这两种传说中的动物，在华夏文化中占有十分重要的地位，一直渗透在华夏各民族的不同时间、不同空间的整个生活领域内。《礼记·礼运》称"麟、凤、龟、龙，谓之四灵"，我们的老祖先，

龙凤帐之一

把龙、凤列为四灵中的二灵，并赋予了它们非常奇特的形象，使之成为集多种鸟兽特点于一身的神异动物。龙与凤在帐书中也有多次表现。

龙是中华民族的象征，在中国传统文化中具有极其显赫的地位，在政治、宗教、文学、艺术、民俗等各个领域都充当着十分重要的角色。而每个时代的政治制度、经济制度和文化制度则是主导龙的造型千变万化的枢纽。不同地域、不同环境的人们对这种超自然的动物形象上的选取也有差异。随着文化间的交流，龙就具有了不同地域、不同动

物的特征，成为多种动物的融合体。

无论是在中国古代文献中出现过的龙纹，还是考古学上所发现的龙的形象，都很难将之比附为自然界的任何一种动物。因此可以说它是一种人文动物，从一开始它就作为一种思想观念的载体，出现于原始社会的艺术作品中，这是最早的图腾崇拜。龙文化作为中国的一种特色文化现象，有着深厚的宗教与政治内涵，它的形象是以历史文化为背景、以文物实体为载体出现的，因而龙的形象在产生、发展、演变的过程中，形成了一套自身的组织结构和民族文化特征。从河南濮阳的西水坡墓地的蚌塑龙、红山文化的玉猪龙，到商周青铜器的夔龙、蟠龙，再到明清时代瓷器上的龙纹，龙的造型在历史的发展过程中不断完善，形成一定图式，最终确定了传统意义上龙的造型：头部有角、发、胡、髯、髭、髦和颈，腹部包括双翼、背鳍、腹甲、鳞等，四肢包括肘毛、爪等，尾部包括尾鳍等。

龙帐

九莲山帐书中龙的造型就主要采用了历史上比较成熟的龙的图案，仅色彩有差异，有用墨线勾勒的，有用红色、蓝色等色彩平涂的，在画面构成上一般采用双龙组成一个单元。或者和其他神话动物，如凤，共同组成一个画面。

还有一些单独表现龙的画面。整幅背景细密地画着姿态各异的云团与星象，云团之中，浮现出一条飞翔着的黑龙。黑龙的舌头与眼睛上方呈火红色,两条长须乌黑发亮,龙口大张。盘旋而绕的飞龙,张牙舞爪,气势非凡,表现出一种飞黄腾达之意。

凤鸟的形象也是我国古代艺术家集多种飞禽走兽而创作出的神异动物之一,其在早期反映着先民的图腾崇拜,随着历史的发展,逐渐超越神秘的图腾性质,演变为政治观念下的产物和民族意识中的吉祥之物或德高望重之人的代称。当然,不可否认,人们对凤的喜好与崇拜掺杂了若干迷信成分,但其主旨则表现了对太平盛世及一切美好事物的向往,应该说这种意识是一种积极向上的心态。

九莲山帐书中的凤经常和龙共同组成构图的主要内容,出现在同一画面中。乔台山先生认为"龙代表阳,凤代表阴,龙凤同时出现于同一幅帐中,代表阴阳结合、阴阳平衡"[1]。

龙凤帐之二

---

[1] 乔台山. 帐盘真的不能被破解吗[EB/OL].[2009-11-12].http://blog.sina.com.cn/s/blog_5ee4bce70100ffph.html.

碑刻中的凤鸟图案

另外,笔者在考察西莲寺碑刻的过程中,也发现了线刻的凤鸟图案。在雍正三年(1725)的朝谒九莲老母灯油圣会四季完满勒石记碑碑刻的边缘发现了这样的图案,其刻画的凤鸟尖喙、长颈,体型肥硕,展翅翱翔,而尾羽用曲线形象地表现,这种刻画风格和帐书中图案刻画特点类似。

蝴蝶帐

帐书的创作者多是普通民众,其题材中有一些是现实生活的直接表现,比如蝴蝶帐盘。

如图,这一幅蝴蝶帐盘表现的是排列整齐但是姿态各异的飞舞中的蝴蝶。细看每一只蝴蝶,有正面的、有侧影的,有的静而不动、有的翩翩起舞,组成了一幅红、黄、蓝、绿色彩缤纷的图画。每一只蝴蝶又经过了线条造型、涂色、细部加工等工序,精心绘制而成。线条勾

四 帐书之题材 | 57

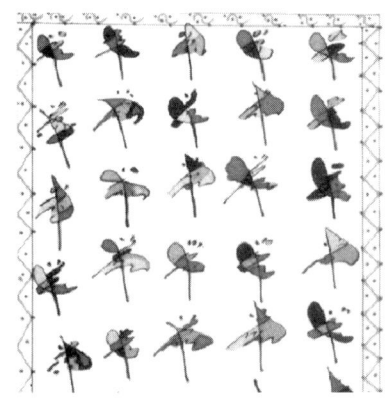

蝴蝶帐

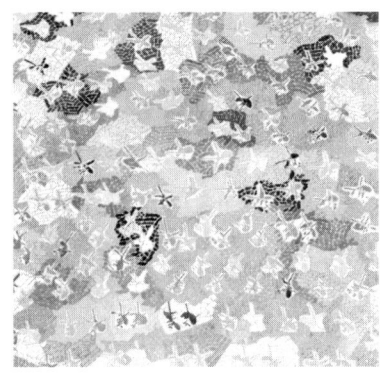

百蝶帐

勒出蝴蝶的各种姿态,各种鲜艳明亮的色彩点缀其间。每一只蝴蝶的轮廓边缘又加上了圆点与细小的线条,整体上构成了点、线、面的结合,看似漫不经心,却又整齐有序。

据了解,这个写帐人的婚姻生活不太幸福,这些飞舞的蝴蝶是不是表现了她对美好爱情的向往与追求?

还有的帐书表现的也是飞舞的蝴蝶,但是色彩更为浓艳。每一只蝴蝶身上都运用了三五种艳丽的颜色,特别是红、黄、蓝、绿等颜色的大量出现,使得整体画面非常醒目。造型统一又极具变化,形象质朴而灵秀,生动传神。没有一个是完全重复的,反映出写帐人对生活的细致观察与较强的表现能力。

百蝶帐,则在各色版块中绘以不同色彩的蝴蝶,色彩浓艳,富有装饰性。

4 自然天象题材

在帐中还有一类图像比较常见，就是星云纹帐，主要描绘天上星座图。用不同的颜色涂出不同的色块组合，并用小圆点连成线形成星宿组合图案，并榜题"星宿板块线路图"，可见其代表着天空星象云块组成，极具想象力。从色彩构成上看，用不同的颜色搭配组合构图，乱而有序，具有装饰效果。

根据一些写帐人解释，这种帐，一般都是借天象分布描绘人间的情景，预测未来将要发生的事情。如郑州巩义的张某说，她画的一幅帐书，用天上的星象，反映人世间的情节，不同的星象分别代表了人世间的国家和人民，并用这个帐书暗示人世间将要发生的灾难。

也有的帐盘，完全表现星象关系。据说这种星相图，共计16张，每张图案构成不同，但都用阴阳八

星云板块盘

卦图绘制星象,再用线连接,从而表现星宿关系,并且蕴含阴阳五行观念。

还有表示银河星系的帐书,用各色浪花图案组合而成,被称为"七彩浪花帐",反映了写帐人丰富的想象力。

5 植物花卉类题材

花卉类题材也是艺术家经常创作的对象,是古代艺术中常见的装饰题材之一。在西莲寺的石柱、碑刻上都有很多花卉图案的雕刻装饰,其中尤以莲花图案最多。在帐盘的创作中也有突出表现,有描写花卉的,有描绘树木的。花卉类的帐,有的集多种花卉于一幅帐中,体现出百花盛开的场景;有的分别描绘多种花卉,形成一组图画,如分别描绘十二种花卉的图案,并用十二地支来标记,并榜题"奉天门百花园",应该具有特殊的用意。

树木类的题材,多描写单个的树木,表现枝繁叶茂、飞鸟欢唱的情景。而且往往和日月等图案结合绘于一起,具有一定的象征意义。如获嘉县张姓写帐人于2009年所画的树木帐,纸质,高约94厘米,宽约77厘米,用彩色硬笔画成。其在崇山峻岭中,描绘了众多树木,以当中一棵最为突出。其与周边树木形成强烈对比,树木粗壮,拔地而起,

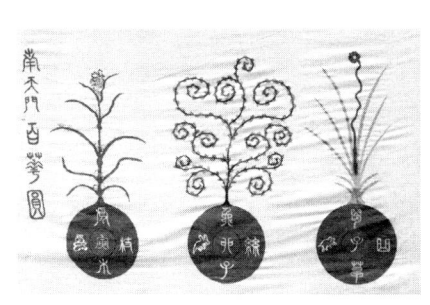

奉天门百花园帐

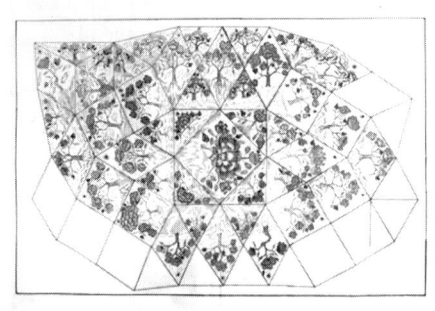

花盘帐

直插云霄，繁茂的枝叶和花卉之间有数只飞鸟绕飞，树木上面是火红的太阳和星辰图案。显然，在写帐人心里，这不是一棵普通的树木，写帐人称之为"生命树"，应该寄托了写帐者对子孙繁衍的美好祝愿。

另外，该写帐人还画有其他树木帐，同样具有强烈的寓意，如描绘一棵盘曲而上的树，树枝上开出圆形的日月星辰图案，在这些图案周围开满了红色的花朵，枝丫间也有凤鸟在欢唱。并分别用蓝、红、绿等鲜明的色彩进行描绘。写帐人指出这是一棵神树，它同样寄托着写帐人的美好祝愿。

6　其他题材

综合盘中，既有图画也有文字，文字是对图画的诠释。常常是图画中有文字，文字中插有图画。这类混合帐中描绘了众多人物的面部形象，形成芸芸众生相，在画面中穿插了很多文字，细辨之有"替天行道""五行之道""四面八方""佛祖""从天到人生""全部家属""花生高粱小米"等，估计也是对人间生活的一种寄托。

另外还有一些图符类的帐，其图案类似道符一类。符所具有的这些内容和形式特点是在汉代时期被巫师、方士和道士借用到鬼神世界创作形成的。到魏晋之际，符的创作则更趋复杂化，由字的篆体和多字重叠而成，同时人们认为，符系宇宙天空中的云气自然结成，故称"云书"或"云篆"。因此，在画符的时候，多仿篆体及虫书鸟迹的古文，笔画故作曲折盘纡如云气缭绕之状。约成书于西晋末至刘宋初的《太上洞渊神咒经》亦云："天书玄妙，皆是九气精像，百神名讳，变状形兆，文势曲折，隐韵内名，威神功惠之所建立。"由此看来，符完全是一种由内容与形式高度统一、完美结合的神秘莫测的精神产品。就内容来讲，它宣传的是道教世界的旨意、思想。帐中的这类图案也非常多，和这种道符非常接近。

五 帐书的文化内涵

帐书的诸多题材具有深刻的文化内涵，反映的是华夏民族深厚的民俗观念。如帐书中的鱼、蛙、葫芦等图案也非常多，尤其是葫芦的图案，在西莲寺大雄宝殿和其他大殿的屋顶上刻的、画的、雕塑的到处都是，观音楼上画的也是一大片葫芦。而这些图形，反映的是一种生殖崇拜的传统思想，是中华文化原型，是几千年中华农业文明生殖崇拜、祖先崇拜的观念在文物和生活中的表现，是实实在在的民间信仰文化。

再如帐书中出现的蝴蝶盘，据介绍该

写帐人婚姻不幸，而蝴蝶在我国文化中，是婚恋的象征，所以说这种蝴蝶飞舞盘，应该是寄托了其对幸福婚姻生活的向往。而帐书中出现的民俗故事题材，如前述牛郎织女的故事，也是对美好爱情、男耕女织生活的一种向往、一种心理暗示。

帐书的题材比较多，都反映了什么样的文化内涵呢？其需要有针对性的分析，但又离不开传统民俗文化的积淀，下面以龙和凤为例加以分析。

1　龙的文化内涵

帐书中有龙类题材。龙在中国传统文化中具有极其显赫的地位，在政治、宗教、文学、艺术、民俗等各个领域都充当着十分重要的角色。而每个时代的政治制度、经济制度和文化制度则是主导龙的造型千变万化的枢纽。不同地域、不同环境的人们对这种超自然的动物形象上的选取也有差异。

无论是在中国古代文献中出现的龙纹，还是考古学上所发现的龙的形象，都很难将之比附为自然界的任何一种动物。因此可以说它是一种人文动物，从一开始它就作为一种思想观念的载体，出现于原始社会的艺术作品中，这是最早的图腾崇拜。龙文化作为中国的一种特色文化现象，有着深厚的宗教与政治内涵，它的形象是以历史文化为背景、以文物实体为载体出现的，因而龙的形象在产生、发展演变的过程中，形成了一套自身的组织结构和民族文化特征。

古代文献中关于龙的记载

龙是古代文献中最常见的神话动物，每个时代人们所赋予它的形象和神异功能的记载都有差异，并没有统一的说法。对其形象的记载主要有以下几种观点：有的文献将其描述为具有神秘色彩的神灵动物，如《国语·鲁语》说："水之怪曰龙。"韦昭注："龙，神兽也。"《管子·水地篇》："龙生于水，被五色而游，故神。欲小则化如蚕蠋，欲大则藏于天下，欲上则凌于云气，欲下则入于深泉；变化无日，上下无时，谓之神。"《说文解字》说龙乃"鳞虫之长，能幽能明，能细能巨，能短能长，春分而登天，秋分而潜渊"。《广雅·释鱼》："龙，能高能下，能小能巨，能幽能明，能短能长，渊深是藏，敷和其光。"有的典籍中将其看作是有身、有头、有口、有脚的一条虫，如《史记·老子韩非列传》曰："夫龙之为虫也，可扰狎而骑也。"《正义》："龙，虫类也。"也有人认为龙是一种水生怪物，《左传·昭公二十九年》："龙，水物也。"《淮南子·兵略》："凤飞龙腾，发如秋风，疾如骇龙。"高诱注："龙，鱼也，飞之疾者。"其后，随着社会的发展人们依据自己对生活的理解和审美观念，创造出了综合许多动物的龙的形象。《山海经》中龙的形象已有集多种动物而成的记述，如"鸟身而龙首""龙身而鸟首""人面蛇身""人面鱼身""马身龙首"，等等。王充《论衡·龙虚》云："世俗画龙之象，马首蛇尾，由此言之，马、蛇之类也。"这种融合多种动物特征的龙，即成为先秦以后"三停九似"的标准龙纹的主要造型。

就其神异功能来看，古代文献记载也有差异，主要有三种观点：一是把人和龙混为一体，神化人的功能。如开天辟地的宇宙创造者伏羲氏被描述为"人首蛇身"（《帝王世纪》）、"龙身牛首""龙唇龟齿"（《路史·后纪一》）；"抟黄土作人"的女娲，郭璞注也说是"人面蛇身，一日中七十变"（《山海经·大荒西经》）；另外还有"伏羲鳞身，女娲蛇躯"的类似记载。此外《山海经·中山经》还记有"凡首阳山之首……其神状皆龙身而人面"。这种人文化身的说法，还见于其他人物（如黄帝、神农氏、夏禹之父鲧等）的传说，如《山海经·海内经》郭璞云："开筮曰'鲧死三岁不腐，剖之以吴刀，化为黄龙'也。"二是把龙看作神力极大的神物。如传说中龙曾以尾指引大禹疏水，即"应龙何画，河海何历"（《楚辞·天问》）。三是将其看作是神人驾驭的仙灵。如禹之子启曾三次乘龙于天，《山海经·大荒西经》云："有人珥两青蛇，乘两龙，名曰夏后开（启）。开上三嫔于天。"

另外，依据古代文献记载，古代人们还将龙的种类做了界定。如《说文·通训定声》将龙分为蛟龙、虬龙和螭龙："龙子一角者蛟，两角者虬，无角者螭。"而《广雅·释鱼》则又分出了应龙："有鳞曰蛟龙，有翼曰应龙，有角曰虬龙，无角曰螭龙。"

从上述文献记载看，龙在古代人们的观念中，有的可能是水族动物，有的可能是鸟、兽类，闻一多《神话与诗·伏羲考》曾言："龙像马，所以马往往被称为龙……龙有时又像狗……此外还有一种有鳞的龙像鱼，一种有翼的像鸟，一种有角的又像鹿。至于与龙最容易相混的各种爬虫类的生物，更不必列举了。"[1]各式各样的龙可能是古代人们根据其民族爱好、风俗、图腾崇拜所创造出来的，它们可能有着不同的名称和含义。

中国早期文化遗物中的龙形象

和古代文献记载的神话传说相应，龙类题材作为艺术创作的对象，出现得也非常早，在史前时期的诸多文化遗址都有发现。据学者考证，

---

[1]闻一多.神话与诗·伏羲考[M].北京：中华书局，1956.

在山西吕梁山南端吉县柿子滩的石崖上发现的"鱼尾鹿龙图",时间为"距今约1万年前的中石器时代",是考古学上发现的最早的龙纹,具体形象为鹿角鱼身。[1]

到新石器时代,龙的形象更为普遍。据目前考古发现,有部分堆塑、摆塑的龙的造型,有在器物表面刻画的龙纹,也有玉雕龙。堆塑、摆塑的龙,目前发现主要有三处:辽宁阜新查海新石器时代遗址中出土的龙[2]、河南濮阳西水坡遗址中出土的龙虎图案[3][4]和湖北黄梅濯港镇张城村焦墩遗址出土的巨龙图案[5]。这三处龙年代早晚、所用材料、具体造型都有差异。其中查海龙距今约8000年,系采用红褐色大小均等的石块堆塑而成,龙昂首张口,弯身弓背,尾部若隐若现,给人一种巨龙腾飞之感,龙头朝西南,龙尾朝东北,全长19.7米,龙身宽1.8米到2米;濮阳龙距今约6000年,系用蚌壳摆塑而成,共有三条,造型基本一样,以第45号大墓的为例,昂首、曲身,头朝北、尾向南,全长1.78米;黄梅龙距今约5000年到6000年,系用各色河卵石摆塑而成,龙呈侧面图案,昂首,头上一角,龙头形为牛头并作冠状,龙口大张,长舌吐出并向上卷至头部,腹下两足为爪状,龙身呈波浪状,尾上卷,龙背上有一不规则状鳍,龙鳞光闪闪,塑造生动,威武雄健,如腾云驾雾一般,龙头朝正西,尾向正东,全长4.46米。

在器物表面刻画的龙纹,早期多见于陶器壁上,如在辽宁阜新查海新石器时代遗址中发现了刻画有龙身和尾部的陶片,其龙身布满鳞

---

[1] 干振玮. 龙纹图象的考古学依据 [J]. 北方文物,1995(4).
[2] 辛岩. 查海遗址发掘再获重大成果 [N]. 中国文物报,1995-03-19.
[3] 孙德萱,丁清贤,赵连生,等. 濮阳出土六千年前的龙虎图案 [N]. 中国文物报,1988-01-29(3).
[4] 孙德萱,丁清贤,赵连生,等. 河南濮阳西水坡遗址发掘简报 [J]. 文物,1988(3):6.
[5] 陈树祥. 黄梅发现新石器时代卵石摆塑巨龙 [N]. 中国文物报,1993-08-22.

濮阳史前时期蚌壳摆塑的龙造型

片，但头部惜已残缺[1]；在内蒙古敖汉旗南台地赵宝沟[2]和敖汉旗小山[3]文化遗址均发现了刻画有龙纹的陶尊，龙纹的头部有猪首、鹿首和鸟首等造型，体躯均似蛇躯婉转盘绕，有学者认为其中的鹿首龙纹可能是麒麟[4]，而另有学者认为就是"鱼尾鹿龙"图案[5]；内蒙古敖汉旗兴隆洼遗址出土有刻画龙纹的矮腹罐，其龙纹为猪首蛇体，龙身上饰网格纹、条纹和错点纹，遍体有鳞[6]。

在距今5500~6000年的红山文化时期，龙的形象由陶器纹样发展到了玉器造型上，同时在继承早期堆塑龙的基础上，发展到了使用玉料雕塑而成的圆雕立体造型——玉龙和玉雕猪头龙。圆雕造型的玉龙，

---

[1] 荟萃新近出土文物精华 辽宁举办《近年考古发现与文物征集汇报展》[N]. 中国文物报, 1992-03-22.
[2] 敖汉旗南台地赵宝沟文化遗址调查[J]. 内蒙古文物考古, 1991（1）.
[3] 内蒙古敖汉旗小山遗址[J]. 考古, 1987（6）.
[4] 苏秉琦. 华人·龙的传人·中国人：考古寻根记[M]. 沈阳：辽宁大学出版社, 1994：82-83.
[5] 陆思贤. 神话考古[M]. 北京：文物出版社, 1995：291-302.
[6] 干振玮. 龙纹图象的考古学依据[J]. 北方文物, 1995（4）.

以内蒙古翁牛特旗三星他拉村出土的玉龙[1]最为典型，这件玉龙由墨绿色的玉雕磨而成，高36厘米，体蜷曲，呈"C"字形。具体造型为：吻部前伸略向上弯曲，嘴紧闭，鼻端截平，上端边起锐利的棱线，断面近椭圆形，有对称双圆洞以代鼻孔；双眼突起呈梭形，前角圆而起棱，眼尾细长上翘，额及颚底刻有细密的方格网状纹，网格突起作规正的小菱形。颈脊起长鬣，长21厘米，鬣呈扁薄片状，边缘收成锐角似刃，弯曲上卷，末端尖锐；龙体横截面呈椭圆形，直径2.3~2.9厘米；龙尾内蜷。玉雕猪头龙在红山文化中最为多见，这种龙的头部造型似猪首，而身躯弯曲呈"C"形，故有"玉雕猪头龙""玉猪龙"等称呼，过去也称为兽形玉雕，这种造型的龙在辽宁凌源牛河梁[2]、内蒙古赤峰巴林右旗[3]等红山文化遗址发现已有十余件。这类玉雕龙的造型为后代所继承，如妇好墓出土的玉雕龙[4]，其造型基本和三星他拉玉龙一样，仅局部造型稍有调整。

和在北方发现的玉龙相呼应，在同时期的南方良渚文化中也出现了刻有龙首形象的龙首玉璜和玉镯，在器物的外壁采用浮雕和线刻相结合的手法雕琢出龙首的形象，有学者认为"如以平面加一个侧面进行斜向观察，其形态和我国传统观念中的龙形颇为近似。这种玉镯与商、西周乃至春秋战国时期的龙形玉雕有相似之处，环曲的钩身，或可视作龙体的象征"[5]。

从中石器时代的岩画到新石器时代陶器的刻画龙、堆塑龙，再到玉雕龙，龙的形象都在不断变化发展中，可能受到制作工艺水平的限

---

[1] 贾鸿恩.内蒙古翁牛特旗三星他拉村发现玉龙[J].文物，1984（6）.
[2] 方殿春，魏凡.辽宁牛河梁红山文化"女神庙"与积石冢群发掘简报[J].文物，1986（8）.
[3] 孙守道.三星他拉红山文化玉龙考[J].文物，1984（6）.
[4] 中国社会科学院考古研究所.殷墟妇好墓[M].北京：文物出版社，1980.
[5] 芮国耀.余杭瑶山良渚文化祭坛遗址发掘简报[J].文物，1988（1）.

制,它的造型多较简单粗率,表现出了比较原始的特点,因此,学术界多称之为前龙纹或原龙纹,这正是龙造型的发展历史过程中所经历的最初形态。

到与夏代接近的龙山时代晚期,无论从造型上还是从技法上看,龙纹的形象都有了相当的发展。如在山西龙山文化陶寺遗址一个彩陶盘中所绘的蟠龙纹[1],其造型相当成熟。彩陶盘红边黑底,彩绘龙纹盘曲其中。龙头与龙身无明显界线,颈两侧各有一后掠的短棒状物。龙眼小而圆,长嘴微张,有成排利齿,口中衔一根羽状物,身体粗长,盘曲成环状,身饰鳞纹,尾部收缩成尖。陆思贤先生认为"这是以蛇、鱼特征创作的龙,以鱼为主,称它为'鱼龙'"[2]。

到了夏代,龙纹有了进一步的发展,表现形式多样化,造型变化更为丰富。根据表现形式的不同可分为四类,即摆塑、浮雕、刻画和镶嵌。

摆塑的龙是近年二里头遗址发掘的重大收获,它是用2000余片细小的绿松石片,在依托物上经过粘嵌、摆塑而成的"绿松石龙形器"或"绿松石龙"。[3]该绿松石龙图案发现于二里头遗址3号宫殿基址的一座贵族墓葬(编号为02 V M3)里,其图案造型为巨头、细身、蜷尾,龙身中有脊线,整个身体作"S"形曲线,弯曲有致,跃然欲生。龙头为扁圆形,隆起,置于梯形托座上,而呈浅浮雕状。鼻梁、额面中脊由三节实心半圆形青、白玉柱组成,绿松石蒜头鼻端硕大醒目。眼呈梭形,以圆形白玉粘嵌的双目也格外突出。龙须由十二个单元组成,象征鳞纹的菱形石片分布全身。龙头朝西北,尾向东南,全身长64.5厘米,最宽处4厘米。这条龙的整体轮廓的勾勒,体现着古代人们的

---

[1]高炜,李健民.1978~1980年山西襄汾陶寺墓地发掘简报[J].考古,1983(1).

[2]陆思贤.神话考古[M].北京:文物出版社,1995:320.

[3]许宏,赵海涛,李志鹏,等.河南偃师市二里头遗址中心区的考古新发现[J].考古,2005(7).

艺术设计构思，正如一些学者所分析指出的，"动物整体形象的勾勒，是艺匠的重点之一，因此以绿松石碎片的窄面的约 0.1 厘米的厚度沿着动物整体形象包括兽首与兽身之正面摆置，以勾勒出鲜明的轮廓线，以对比区别于轮廓线内部动物表面的绿松石摆置，后者以绿松石片的宽面约 0.2~0.9 厘米表出。事实上，这种轮廓线所表达动物的整体形象的构图，亦因动物表面绿松石片的宽面的拼接方向是随着轮廓线的长方兽首、兽身左右摆动的方向而平行排列，形成相辅相成且对比的效果，这种长方形的正面兽首，即以鼻梁为中轴线的左右摆动的二大 S 形，及卷尾以中轴线为中点的构图原理，导引着 2000 多片的绿松石，在随着轮廓线作整体形象的勾勒，一方面在 S 形的兽身造成动感，另一方面又在动感中有着中轴线的稳定平衡，共同表达了形象背后的设计企图"[1]。

　　浮雕类龙纹是以低浮雕和高浮雕相结合的方法在陶器的外壁表现龙的立体形象的，这类龙的造型往往身躯如蛇呈低浮雕的形式贴于器壁，而头部以高浮雕的形式伸出器外。因其身躯如蛇，有学者称之为"蛇形龙纹"，并提出具体应是文献所指"蟠龙纹"。[2] 目前二里头遗址发现的这类龙纹器物有数件，造型基本一样，如在二里头遗址的一个灰坑（92YLIIIH2）中出土了两件浮雕龙纹的陶质盆形器[3]，其中一件（H2∶2），器表布满菱形纹和弦纹，器物的肩部和腹部浮雕三条蜿蜒攀附的龙纹，头伸出器肩，为常见三角形蛇头，龙体如蛇呈弓形，

---

[1] 陈芳妹. 二里头 M3：社会艺术史研究的新线索 [C]// 中国二里头遗址与二里头文化国际学术研讨会论文集. 北京：科学出版社，2005：149.
[2] 叶万松，李德方. 夏都二里头遗址龙纹述考 [M]// 中原文物考古研究. 郑州：大象出版社，2003：126.
[3] 中国社会科学院考古研究所. 二里头陶器集粹 [M]. 北京：中国社会科学出版社，1995：170-171.

背饰菱形斑纹，尾部内勾、饰锥点纹。另一件（H2：1），器表素面磨光，其上浮雕有6条龙纹，造型和前者基本一样。

刻画类龙纹是指在器物表面刻画出龙的平面形象，见于二里头遗址出土的陶器外壁上[1]，造型较为丰富。有一首双身者，有一身双首者，也出现了带爪的龙纹。一首双身的龙纹，龙头圆形、无角，吻短而尖，眼作目字形，额上有菱纹，龙身似蛇，满饰链状鳞纹，可能是菱形鳞纹的简化或是其雏形。一身两首的龙纹，二首均作扁圆形、臣形目、双颈，单身，身已残失。带爪龙纹，虽首尾不全，然仍可见龙首上伸，巨目侧视，躯体左曲右盘，蜿蜒上行。背部起脊如鳍，趾爪俱全，构图采取侧面行走状，所以仅露一足。

在与其时代相当的夏家店文化遗址中，龙纹也有了相当的发展，主要出现在内蒙古敖汉旗大甸子遗址所出土的陶器上，多为彩绘图案，有两类纹样最为独特[2]：一种是在黑陶盆上彩绘的夔龙形图案，是新出现的龙纹造型。其造型为：作侧面昂首行进状，身涂白，眼或点朱，带黑瞳孔，吻长突，翻卷如钩，尾亦上下勾卷，和商周青铜器上的夔龙纹非常接近，是相当概括的传统龙形图案。另一种是在磨光黑陶鬲上彩绘的一首双身龙，它与二里头一首双身龙相比，显示出自己的特点：龙首侧向，有目，其下双身作"几"字状分开，配色亦很别致，朱眼，白首，黑躯，饰白边"U"状鳞纹，龙首除眼外耳、口、吻、鼻皆已抽象化，龙首上加绘四道竖直相连的朱色条纹，似是鼍的象征。大甸子龙纹中图案化了的夔龙造型的出现，为商代青铜器夔龙类装饰题材提供了借鉴。

无论从龙纹造型的丰富多彩性上，还是从龙纹构图的艺术匠思上

---

[1] 方酉生.河南偃师二里头遗址发掘简报[J].考古，1965（5）.
[2] 孙守道.三星他拉红山文化玉龙考[J].文物，1984（6）.

看，夏代时期的龙纹远比史前时期的龙纹显得复杂、成熟，虽然和商代的龙纹相比显得简朴、粗率，但各类龙的形象与商周时代龙纹最为接近，为商周艺术家创作龙纹提供了基本的摹本，正是商周青铜器装饰纹样中龙纹类题材的直接来源。

龙纹在商周时期得到了进一步发展和完善，正是在借鉴了夏代及其以前的各类龙纹造型的基础上，创造出了更为丰富多彩的造型形式，不仅在陶器、玉器中有大量发现，而且其在商周青铜器的装饰纹样中尤为突出。它是仅次于兽面纹的另一类较大的装饰题材纹样，在兽面纹逐渐退化之后，它一度成为青铜器的主要装饰纹样。商周青铜器上的龙纹装饰，形式变化多种多样，有线刻、浮雕、半浮雕、镂空雕等多种表现手法，造型上有夔龙、蟠龙、蛟龙和一首双身龙、双头龙等，各种龙纹的图案构成极富特征。

夔龙纹自商代前期出现后，在商周青铜器装饰纹样中极为流行，其造型变化也最为丰富，常作为器物主体纹饰，饰于器物口下颈部，也有作为器物次要纹饰饰于圈足上的。其图案的基本特征是：张口，体躯伸直或弯曲，额顶有角（或冠），尾上卷或下卷，有足或无足。关于夔龙纹的名称来源，多有争议。《山海经·大荒东经》："东海中有流波山，入海七千里。其上有兽，状如牛，苍身而无角，一足，出入水则必风雨，其光如日月，其声如雷，其名曰夔。"《说文解字》也有类似的解释："夔，神也，如龙，一足……"宋代学者，主要依据以上文献所述一足、形如龙的特征将其命名为"夔龙纹"。但从这类纹样的图案构成看，"一足"的说法也是不确切的，并非皆只一足，也有两足、四足，甚而无足的。而且有学者认为，商周时代的艺术家描绘物象习惯用侧视方法来表现，所以纹饰中所见一足，实际上只是一侧的形象。[1]近来有学者通过考证认为，夔龙的称呼是过去人们对古代文献的误解[2][3]，如《尚书·舜典》曰"伯拜稽首，让于夔、龙"，夔龙是两个人人名的合称，而对于"夔，一足"的说法，提出"足"是"充足"之意，不是指一"脚"。无论怎样，从这种纹样的图案构成看，和甲骨文、金文所见"龙"字相似，应为龙类纹样的一种，而且从形态演变上看，这部分"夔纹"和那些公认的"龙纹"，正好介于史前时期的原龙纹和秦汉以后"三停九似"的标准龙纹之间，起到了承上启下的作用。[4]所以将这种纹样看作是龙纹的一种，称为"夔龙纹"，应当是适宜的。

蟠龙纹，龙体常以龙首为中心作圆形盘曲成一团，主要运用于商代后期，西周和春秋时期也有少量运用。主要用于盘等水器的内底作装饰。也有的蟠龙上部作直立状，下半部卷曲作盘坐状，常用于器盖的制作上，既实用又有装饰效果。

蛟龙纹，常作两条或两条以上的龙相互交绕构成，也称交龙纹。见于《周礼·春官·司常》："王建大常，诸侯建旂。"郑玄注："诸侯画交龙，一象其升朝，一象其下覆也。"又《释名·释兵》："交龙为旂，旂，倚也。画作两龙相依倚也。"据此，蛟龙纹的形象应是一上一下两龙，下者升上，上者下覆，两体交缠。其中龙纹躯体粗壮的称蟠螭纹，经变形缩小的蛟龙纹为蟠虺纹。这种龙纹初见于西周晚期，其流行于春秋战国时期。

一首双身龙纹，旧称双尾龙纹，龙首居中，左右两条龙身，其实它的基本模式和兽面纹的躯体向两侧展开的规律相同，也采用了"整

---

[1] 马承源.中国青铜器 [M].上海：上海古籍出版社，1988：322-323.
[2] 段勇."潜龙勿用"：商周青铜器上的龙纹面貌 [J].考古与文物，2000（4）.
[3] 吉成名."夔龙"小考 [J].文史杂志，2001（6）.
[4] 段勇.商周青铜器上的幻想动物纹研究 [D].北京：北京大学，2001.

体展开法"或"拆半的表现技法"。其流行于商代后期到西周时期。

双头龙纹是一条兽体的两端各有一个龙头，简单的独体两头龙纹，多见于西周中晚期。缠绕式的两头龙纹则盛行于春秋中晚期。

攀龙，常作攀附状，以高浮雕的形式装饰于器物的腹壁，或作器耳，或作装饰，流行于西周以后。

春秋战国以后，龙的造型在历史的发展过程中得到了进一步充实，各组成部分更加完善，最终形成了传统意义上的龙的造型：头部有角、发、胡、髯、髭、毫和颈，腹部包括双翼、背鳍、腹甲、鳞等，四肢包括肘毛、爪等，尾部包括尾鳍等，是被用于瓷器、家具、服饰装饰的主要纹样。总之，商周时期是我国古代龙的造型发展过程中十分重要的阶段，商周时代的艺术家结合当时人们的信仰和审美趋向为我们创造出了丰富多彩的龙的形象，蕴含着深刻的时代文化信息。

中国早期龙纹的内涵

由上述文化遗物可以看出，龙纹的造型在不同时期有着不同的特征，这正是不同时期的文化意识、思想观念的具体体现，所以龙纹的内涵也随着社会的发展而发展，并不是一成不变的。

史前时期的龙纹内涵，包括它所反映的文化意识和文化功能两个方面。就文化意识来看，大多数学者结合中华文明的起源，认为史前时期龙的产生和古代的图腾崇拜有关，即是史前时期人们图腾意识的反映。史前时期的龙是出于图腾意识而产生的概念，由此而虚构的龙形态即具有图腾的标志，龙的造型具有多种动物的综合特征，正是由许多不同的图腾糅合成的一种综合体。[1]有学者通过古代传说、文献

---

[1] 许顺湛. 论龙的传人[J]. 中原文物，1994（4）.

的记载，对史前时期龙的内涵做过分析：龙是伏羲的化身，是中华民族的始祖，指出史前时期龙的造型是不同氏族的图腾神和其祖族图腾结合而产生的，所以出现了不同的龙首形象，进而认为龙的形象之所以集合了各种动物的特征，大概是因为黄帝兼并了炎帝、蚩尤部落，使黄河流域的氏族部落分立的局面归一统而出现的。由于黄帝兼并了黄河流域的氏族部落，故汇集了各氏族的图腾动物的局部特征，作为一统的标志，由此产生出形象结构复杂的龙。但濮阳西水坡蚌壳龙的发现，引发人们对于龙所反映的文化意识这一问题产生思考，一些学者随之提出了不同的看法，认为它反映了史前时期人们的神的意识，指出蚌壳龙乃是东方神主的象征。[1][2]这样看来，史前时期的龙所体现的文化意识有图腾意识和神的意识。就文化功能看，龙之所以被各氏族的人们所崇奉，正因为龙的造型体现着一定的文化意识，它有着特殊的功能，那就是龙是史前社会超自然力的象征，是全体氏族的庇护神，是全社会共同的精神财富，具有特殊的凝聚力和向心力。

商周时代龙的内涵较为丰富，具有多样性。刘一曼先生曾对殷墟文物和甲骨文中的龙做过分析，指出甲骨文中的龙有多种含义，可作方国名、地名，可作祖先称谓，可作灾祸的代称，可作神祇名，也与雨有密切关系。[3]可见，龙在商周时代人们的思想观念中，至少已形成四个方面文化意识。一是图腾意识。虽然商周时期图腾崇拜是以祖先崇拜和神的崇拜为主，但不能说商周时期就没有以龙为图腾的崇拜遗留，从某些图像继承性上看，还留有史前社会图腾崇拜的影子，如用龙作方国名、地名等。二是王族、圣人意识。这种意识到秦汉时期发

---

[1] 冯时.河南濮阳西水坡45号墓的天文学研究[J].文物，1990（3）.
[2] 张维华.濮阳西水坡M45墓新观察[G]//河南文物考古论集.郑州：中州古籍出版社，2000：44.
[3] 刘一曼.略论甲骨文与殷墟文物中的龙[J].三代考古，2004（0）.

展为帝王意识。郑杰祥先生在谈到二里头遗址绿松石龙时,就龙纹的神圣意识和王族意识做过分析:"龙由于协助大禹治水有功而被夏人视为圣物或神龙,从而把龙形饰于贵重的器物上,并且借以显示着器物主人的高贵而受到尊崇。传至商周,龙形纹饰演变成为诸侯身份的标志……以后又演变成为国王身份的标志。"[1]刘一曼先生就妇好墓出土青铜器做过分析,就使用龙纹装饰的器物看,大部分是墓主之器,而其他人如官员、贵族、方国首领等所献之器,均无龙纹,由此指出"在殷代,龙纹是贵族身份、地位以及权力的标志之一"[2]。另有学者也提出青铜礼器为统治阶级所垄断,礼器上龙纹的使用,除含有以龙为崇拜的图腾之外,王族还标榜自己是龙属、龙子,以显示王权的威严神力。[3]《易林》记载"黄帝出游,驾龙乘马。东上泰山,南游齐鲁,邦国咸喜",意思是说中国的始祖黄帝即为龙属。到了周代,人们更以龙属自居,《国语·周语》"我姬氏出自天鼋",《诗经·小雅·蓼萧》曰:"既见君子,为龙为光。"另外,自古以来龙就被人们认为是最聪明的动物,所以人们也常用龙来喻人。最为典型的就是孔子用龙来喻指老子,所谓:"吾今见老子,其犹龙乎?"周代也有以龙喻德的说法,如"虬龙鸾凤,以托君子",同时也有"圣人喻龙,君子喻蛇"的比喻。三是祥瑞意识。美学家李泽厚先生就曾指出:以饕餮为代表的青铜器纹饰具有肯定自身、保护社会、"协上下""承天休"的祯祥意义。[4]这种意识传承于后代,龙成为吉祥、幸福的载体,即所谓龙凤呈祥。四是神的意识。有两方面内涵,一方面是传统意义上的雷雨之神,即由于古代传说中伏羲氏是其母与人头龙身的雷神交合而生,所以商周时,也把龙作为雷

---

[1] 郑杰祥.二里头遗址新发现的一些重要遗迹的分析[J].平顶山学院学报,2006(3).
[2] 刘一曼.略论甲骨文与殷墟文物中的龙[J].三代考古,2004(0).
[3] 王大有.龙凤文化源流[M].北京:北京工艺美术出版社,1988:123.
[4] 李泽厚.美的历程[M].天津:天津社会科学院出版社,2001:52.

雨之神，遇有旱灾，则祭龙祈雨。文献中就有商汤曾因遭旱而作土龙以致雨的记载（《淮南子·坠形训》有"土龙致雨"的记载），这也在甲骨文中得到印证，《合集》13002："乙未卜；龙无其雨？"《合集》29990："惟庚炆有（雨）？""其作龙于凡田，有雨？"裘锡圭先生认为，"作龙的目的在为凡田求雨，可知所谓的'龙'就是求雨的土龙。看来，《淮南子·地形》注说商汤遭旱作土龙以致雨，可能是确有根据的"[1]。另一方面就是一些学者所提出的龙是帮助巫觋通天地的神，这种看法是就青铜器上所装饰的龙纹而言的，目前看来也是和青铜器的礼器身份相适应的。

一些学者认为，礼器上的动物造型与纹样和祭祀巫术中的动物实体都具有通天神兽的身份，所以龙也是用来帮助巫觋通天地的[2]，这种看法实际上是对张光直先生"萨满通灵说"的发挥，刘一曼先生也认为青铜礼器上的龙纹也担负着这一职能[3]。林巳奈夫先生通过分析指出，附属于饕餮的其他图像如鸟、龙等即表现为"国族之物"，亦即氏族之物，是帝的随从、使者。[4]这里我们对林氏的观点不做探讨，就商周青铜器所装饰的纹样看，龙确实不居于主要地位，而普遍是居于从属和陪衬的地位。它们很少作为主体纹饰装饰于器物的显著部位，一般都出现在鼎、簋、瓿等礼器的口沿下、圈足上。当它们出现在器物腹部时，几乎是作为兽面纹的附属纹饰。只有极个别龙纹偶尔占据盘心、尊肩、刀柄、卣的提梁等次要器类的较显著位置。周代以后，龙的地位似乎略有提高，作为主体纹饰装饰于器盖和器腹的龙纹形式

---

[1] 胡厚宣. 甲骨文与殷商史[M]. 上海：上海古籍出版社，1983：21-35.
[2] 孟东风. 商周青铜器上的龙类动物纹饰[J]. 吉林师范学院学报，1996（11）.
[3] 刘一曼. 略论甲骨文与殷墟文物中的龙[J]. 三代考古，2004（0）.
[4] 林巳奈夫. 所谓饕餮纹表现的是什么[G]// 日本考古学研究者·中国考古学研究论文集. 东京：株式会社东方书店，1990.

与数量均明显增加。但就总体而言，西周早期青铜器上龙纹的地位仍不及兽面纹，并未改变其从属和陪衬的形象；而稍后兽面纹衰落后，龙纹的地位又不如大量新兴的凤鸟纹突出。由此可见，龙纹在商周青铜器上并没有居于主导地位，龙既不是商族也不是周族的主要神灵，这也是决定商周青铜器上龙纹面貌的主要因素。这在古代文献上也有反映，《礼记·礼运》称"麟、凤、龟、龙，谓之四灵"，龙仅居四灵之末位，由此也能窥见龙在当时人们心目中的地位。

秦汉以后龙的内涵

先秦以后，龙的造型走向了两个方向，即宫廷艺术和民俗艺术，形成了不同的造型风格。宫廷艺术中的龙，形象多威猛暴烈，狞厉可畏，表现出王权的尊严，是与封建皇帝的政治需要相结合的，由此体现的是对龙的帝王意识的利用。而民间艺术中的龙，形象朴实，拙稚可亲，表现了普通人的审美思想和感情，寄托着人们对美好生活的希冀与愿望，注重的是龙的祥瑞功能。随着历史的发展，龙的形象不再是图腾的标记和帝王的象征，而逐渐成为中华民族共有文化观念的象征，具有强烈的民族精神和艺术感染力，成为中华民族传统艺术的精华之一。

由此可以看出，九莲帐书中龙纹题材，可能更多的是寄托普通老百姓对美好生活的希冀与愿望。

2 凤的文化内涵

凤纹在帐书中出现的也比较多,而在不同的时期古代的文化中,凤鸟也具有多种文化内涵。

文献记载中凤纹的文化内涵

文献中关于凤鸟的记载不胜枚举,总体来看,其记述可分为以下几个方面:

一是关于凤鸟形状的描述。成书于战国时期的《山海经·南山经》有多处关于凤鸟形状描述:"丹穴之山……有鸟焉,其状如鸡,五采而文,名曰凤凰,首文曰德,翼文曰顺,背文曰义,膺文曰仁,腹文曰信。是鸟也,饮食自然,自歌自舞,见则天下安宁。""东五百里……有鸟焉,其状同鸡,而白首、三足、人面,其名曰瞿如,其鸣自号也。"《大荒西经》:"有五采鸟三名,一曰皇鸟,一曰鸾鸟,一曰凤鸟。"后来,人们把雄者称凤,雌者称皇,皇又写作凰,但其"五采""五色"的特征没有改变,如《乐计图》曰:"五音克谐,各得其伦,则凤凰至。冠类鸡头,燕喙,蛇颈,龙形,麟翼,鱼尾,五彩。"《帝王世纪》曰:

"……有大鸟，鸡头燕喙，龟颈龙形，麟翼鱼尾，其状如鹤。体备五色，三文成字。"《说文解字》的描述更为详细："凤，神鸟也，天老曰：凤之象也，鸿前麟后，蛇颈鱼尾，鹳颡鸳思，龙文龟背，燕含鸡喙，五色备举。"

二是关于凤鸟崇拜的记载。有文献表明，我国原始社会时期鸟的图腾崇拜非常盛行，传说中少昊氏曾"以鸟命官"就是这种图腾意识的生动反映。《左传·昭公十七年》郯子对昭公云："我高祖少皞挚之立也，凤鸟适至，故纪于鸟，为鸟师而鸟名。凤鸟氏，历正也；玄鸟氏，司分者也；伯赵氏，司至者也；青鸟氏，司启者也；丹鸟氏，司闭者也；祝鸠氏，司徒也；雎鸠氏，司马也；鸤鸠氏，司空也；爽鸠氏，司寇也；鹘鸠氏，司事也；五鸠，鸠民者也。五雉为五工正，利器用，正度量，夷民者也。九扈为九农正，扈民无淫者也。"文献记载，太昊和少昊均是以鸟为图腾的部落，居于东方，被称作东方鸟夷。至商周时期，为神化祖先、巩固统治，商人和周人都因祖先的诞生和凤鸟有关而对其加以崇拜，这在文献记载的许多感生故事中都可以看到。商人与凤鸟的关系非常直接，玄鸟生商的传说见于多处文献，如《诗经·商颂·玄鸟》云："天命玄鸟，降而生商。"《史记·殷本纪》记载更详细："殷契，母曰简狄，有娀氏之女，为帝喾次妃。三人行浴，见玄鸟堕其卵，简狄取吞之，因孕生契。"另外商人的另一高祖亥，甲骨文多处记有这个字，有"🐦""🐦"等多种不同的写法，但均为从亥从鸟，也表现了商族在上古时代以鸟作为图腾。[1]周人与凤鸟也有渊源，文献记载其祖先弃的诞生也受到飞鸟的帮助。《史记·周本纪》云："周后稷，名弃。其母有邰氏女，曰姜原。姜原为帝喾元妃。姜原出野，见巨人迹，心忻然说，欲践之，践之而身动如孕者。居期而

---

[1]胡厚宣.甲骨文所见商族鸟图腾的新证据[J].文物，1977（2）.

生子，以为不祥，弃之隘巷，马牛过者皆辟不践；徙置之林中，适会山林多人，迁之；而弃渠中冰上，飞鸟以其翼覆荐之。姜原以为神，遂收养长之。初欲弃之，因名曰弃。"《国语·周语》也记有："周之兴也，鸑鷟鸣于岐山。"从西周到东周，崇凤成了一种普遍的心态，如《诗经·大雅·卷阿》曰："凤凰于飞，翙翙其羽，亦傅于天。""凤皇鸣矣，于彼高岗；梧桐生矣，于彼朝阳。"后来秦的先人的诞生仍有类似传说，《史记·秦本纪》云："秦之先，帝颛顼之苗裔孙曰女修。女修织，玄鸟陨卵，女修吞之，生子大业。"这些感生故事都借凤鸟之力来渲染，而不用其他动物，反映了当时凤鸟的崇拜还是很盛行的，当然这是古代统治者通过"天人合一、王权神授"的宗教外衣确立王权合法地位的一种手段。[1]

三是凤鸟所象征的意义。由文献记载看，凤鸟的象征意义有两个方面，其一是祥瑞的征兆，凤有美丽的外形，其出现象征着天下太平。《左传·昭公十七年》记载郯子称其祖少昊氏初立时"凤鸟适至"，今本《竹书纪年》载"黄帝五十年，凤鸟至"。这是关于"凤"的较早记载。《山海经》中多次提到凤，如《南山经》云："（凤凰）自歌自舞，见则天下安宁。"为了塑造其形象的高洁，又称其非梧桐不栖。据说尧在位70年，政治清明，曾有凤凰止于庭；而《尚书》载舜之功德："箫韶九成，凤凰来仪。"《史记》也有同样记载，称："兴九韶之乐而凤凰翔天下。"《淮南子》《韩诗外传》等同样把凤凰的出现视为太平盛世的征兆。蔡邕《琴操》称："周成王时，天下大治，凤皇来舞于庭。"《汉书》及《东观汉记》等称昭帝、宣帝、光武帝、章帝、废帝时凤凰多次出现。长沙马王堆汉墓一号墓出土的"非衣"帛画，在描绘宇宙三界时，亦表现了这样的心理意识。其二是和

---

[1] 钱耀鹏. 感生故事与早期政权的更迭[J]. 中原文物，2006（3）.

龙一样，也用于比喻圣人。如孔子以天下为己任，人们也视之为凤。《论语·微子》与《庄子·人间世》皆称孔子适楚，楚狂接舆歌而过孔子曰："凤兮凤兮，何如德之衰也！"后人因以称盛德为"凤德"。孔子面对诸侯纷争的局面，希望"礼乐征伐自天子出"，恢复天下一统，而事实与其愿望相反时，亦发出了"凤鸟不至，河不出图，吾已矣夫"（《论语·子罕》）的感叹。孔子之外的先秦诸子也多言及凤，对凤也表现出了明显的倾慕之心。屈原、宋玉等亦在诗歌中称赞凤凰的高洁与威猛。如《艺文类聚》卷九十载宋玉称："凤皇上击九千里，绝云霓，负苍天乎窈冥之中。蕃篱之鷃，岂能与之料天地之高哉！"后来在封建社会，凤和龙相对，演绎为皇后或贵族女性的代称，如"凤仪娘娘""攀龙附凤"等。

文化遗物中的凤鸟形象

考古资料表明，在我国许多史前时代的考古学文化中，以鸟为装饰主题，遍及大江南北的许多文化遗址，这说明鸟崇拜的现象在当时相当普遍。然而将鸟的形象抽象提炼并走向神圣化，则在长江下游地区表现得尤为突出。这和文献记载不谋而合，文献中有关于羽人、羽人国的记载与传说，如《山海经》是古籍中最早提到羽人的著作，《大荒南经》篇记载："有羽民之国，其民皆生毛羽。"《海外南经》也载："羽民国在其东南，其为人长头，身生羽。一曰在比翼鸟东南，其为人长颊。"此外《吕氏春秋·求人篇》《淮南子·原道训》等著作中也有相似的记载。这些记载为我们探讨凤鸟纹的渊源指明了方向。有学者就根据考古发现提出，尧舜时代南方地区有"羽民国"存在，其主人应是良渚文化先民。余杭良渚的反山、瑶山等良渚文化墓地，很可能就是羽民的墓地。[1]

从考古资料看，江浙地区的鸟纹图像资料最为丰富，"从河姆渡文化到良渚文化，一江相望，千年之隔，鸟像图符始终处于原始艺术创作的核心位置"[2]。在距今六七千年的浙江余姚河姆渡文化遗址中便有以飞鸟为题材的原始艺术品，分别见于带柄骨匕、陶器、象牙雕刻器和木质的蝶形器等器物上。[3][4]带柄的匕在柄部雕刻有双头凤纹，背负太阳，有学者认为是神眼[5]，但从其图案构成上看和"双鸟朝阳"上的太阳一样为火焰状，在古代，"太阳神表现为鸟的形状，或将太阳与鸟联系在一起，这是中国古代许多地区都曾经有过的传统思想，具有鲜明的中国传统"[6]，所以此图应为"双鸟负日图"，"它表示的太阳是由鸟背负着升上天空的，鸟的两个翅膀，就是太阳巡天的动力"[7]。陶器上的鸟纹也为阴线刻，图案由双鸟、弓形、重圈图符组合而成，有学者称之为"日月禾鸟纹"[8]；象牙器上凤鸟图案构成为：阴刻的双鸟相拥火焰状的太阳，即著名的"双鸟朝阳纹"，被一些艺术家形容为"犹如在一望无际的海面上，一轮红日带着万道霞光喷薄而出，群鸟迎着朝霞展翅高翔去接受新一天的来临，恰似古人对大自然优美景观的最深刻的追忆"[9]。木质的蝶形器，整体作变体的鸟的圆雕形式，有学者从蝶形器背面设有竖槽和穿孔的情况分析，认为其应是附

---

[1] 王文清."羽民""裸民"与良渚文化[J].学海，1990（Z1）.

[2] 蒋乐平.浙江史前鸟像图符的寓义及流变[J]//浙江省文物考古研究所学刊.北京：长征出版社，1997（12）.

[3] 浙江省文物管理委员会等.河姆渡遗址第一期发掘报告[J].考古学报，1978（1）.

[4] 河姆渡遗址考古队.浙江河姆渡遗址第二次发掘的主要收获[J].文物，1980（5）.

[5] 孙荣华.鸟崇拜与良渚文化神人兽面纹[J].东方博物，2004（1）.

[6] 孙华.太阳和凤凰的颂歌[N].中国文物报，2005-08-10.

[7] 陆思贤.神话考古[M].北京：文物出版社，1995：344.

[8] 汪遵国.良渚文化玉器丛谈[J].长江文化论丛，2001（0）.

[9] 孙长初.商周青铜器凤纹图像研究[J].山东工艺美术学院学报，2005（4）.

着于立杆上的鸟形象。[1]

到良渚文化时期,凤鸟的形象有了进一步发展,写实与抽象的鸟纹在出土器物上都有发现,主要见于玉器雕刻,有圆雕鸟形的、有线刻的。圆雕的鸟形玉器,在浙江的余杭反山[2]、瑶山等良渚文化墓地都有发现,鸟的造型均作展翅飞翔的姿态。线刻鸟纹玉器,多见于琮、璜、璧、冠状饰等玉器上。这些鸟纹图像线条纤细、刻画精美,往往以具象的飞鸟为多见,当然也出现了抽象化、图案化的趋势。鸟纹被抽象化的例子常见于刻画于良渚文化玉器上,如反山墓地中出土的玉琮、玉钺上刻画的鸟纹,鸟头、翼、身均变形夸张,满刻卷云纹、弧线纹,被称为神鸟。

这种以鸟为素材的艺术创作题材,在其他地区的史前文化遗址中也有发现。在仰韶文化的半坡、庙底沟等文化遗址和马家窑文化遗址、大汶口文化遗址中都发现有鸟纹装饰,尤以仰韶文化庙底沟类型彩陶的鸟纹装饰最为常见,在陕西渭南市华州区柳枝镇泉护村、陕西华阴西关堡、河南三门峡市陕州区庙底沟、山西芮城大禹渡等遗址都有发现。有彩绘的、有雕塑的。雕塑的鸟造型,有圆雕的鸟首和圆雕的鸮形黑陶鼎等。彩绘的鸟纹最多,早期的鸟纹多写实,头、身、翅、尾、爪俱全,形态多姿,或寻觅啄食,或伫立张望,或展翅欲飞,或翱翔天空,形态各异,活泼生动;晚期的鸟纹则趋向图案化、抽象化。如仰韶文化庙底沟类型泉护村遗址出土的彩陶上所绘鸟纹,具象的鸟纹形象逼真,抽象的鸟纹仅以一个圆点表示鸟头,头下有一条短线以示鸟喙,以两条弧线表示飞翔的鸟身,足、翅等则省略消失了,尾以圆点示之,鸟纹被完全图案化、抽象化了。[3]此外,在北方地区的内蒙

---

[1] 孙其刚.河姆渡文化鸟形象探讨[J].中国历史博物馆馆刊,1987(0).
[2] 王明达.浙江余杭反山良渚墓地发掘简报[J].文物,1988(1).
[3] 苏秉琦.关于仰韶文化的若干问题[J].考古学报,1965(1).

古小河沿文化[1]和东北地区的辽宁红山文化[2]的遗址中，也分别发现有刻画于陶器上的鸟形图符和圆雕的玉鸟。

由以上各地区的考古发现看，以江浙地区河姆渡文化遗址的鸟纹为最早，虽然其造型远没有商周时期的成熟，但这正是艺术发展过程中所必经的过程。所以河姆渡文化遗址发现的凤鸟纹图像，可作为商周青铜器鸟纹造型艺术的滥觞。到良渚文化时期，这一地区鸟纹又有了进一步发展。结合文献传说的记载，一些学者认为，中国古代鸟崇拜观念的历史地理分布，其重心应在我国东部的一些族属，提出"鸟是东方的象征"，"鸟形纹样是东方文化的特点"。[3][4]但在北方其他地区的文化遗址中，鸟纹也有了迅速发展，而且也有着相似的构图特征，如大汶口文化遗址出土的一件背壶上，有朱绘的鸟和太阳组成的合体"✲"图案[5]，有学者将其解析为"太阳鸟图腾柱"[6]，和河姆渡文化的鸟与太阳的构图是一致的，而距离更远的庙底沟类型的泉护村遗址中也发现有太阳和鸟的构图，但已演变为两个独立的单位，图案是鸟在太阳之下，这种图案构成有着惊人的一致性，绝不是偶然的巧合，可能暗示着它们之间的传承交流关系。而且庙底沟的鸟纹造型艺术有了更快速发展，虽然从构图、技法看还比较单一、原始，但从纹样的表现形式看，其写实和抽象的表现水平都有了快速提高。无论怎样，各地鸟纹艺术的发展都共同推进着这一艺术题材的进步、完

---

[1] 李恭笃.昭乌达盟石棚山考古新发现[J].文物，1982（3）.

[2] 方殿春，刘葆华.辽宁阜新县胡头沟红山文化玉器墓的发现[J].文物，1984（6）.

[3] 石兴邦.我国东方沿海和东南地区古代文化中鸟类图像与鸟祖崇拜的有关问题[G]//中国原始文化论集.北京：文物出版社，1989：234-265.

[4] 石兴邦.山东地区史前考古方面的有关问题[G]//.山东史前文化论文集.济南：齐鲁书社，1986：22-39.

[5] 山东省文物管理处等.大汶口[M].北京：文物出版社，1974：73.

[6] 陆思贤.神话考古[M].北京：文物出版社，1995：71-72.

善,为以后凤鸟纹艺术造型做了先期探索和实践。

商周时期,由于凤鸟在商周民族兴起的神话传说中的重要地位,在继承原始社会凤鸟造型基础上,商、周的艺术家进一步丰富了凤鸟的形象,不但在文字中创造了凤鸟的形象,而且也将其运用于玉器、青铜器等造型和装饰艺术中。在甲骨文和金文中,分别有凤和鸟的形象,如:"✦"(《殷墟书契后编》)、"✦"(《殷周金文集成》04789),鸟的形象比较写实,凤则是一个头上有花冠、身后披有美丽尾羽的侧立鸟形。以玉为造型载体的凤鸟,以妇好墓出土的玉凤最为典型,与甲骨文"凤"字的造型特征基本一致。青铜器上的凤鸟纹在商周时期最为典型,最能代表商周艺术家对凤鸟纹这一题材纹样的发展和创新,也体现了时代的审美变化和需求。需要说明的是,青铜器上的鸟纹大都融合了各种飞鸟的形象,我们将其统称为凤鸟纹。

青铜器上的凤鸟纹样大约出现于商代中期,盛行于商代后期、西周早中期,西周中期以后走向没落,但直至春秋战国时期仍有少量沿用,所以其在青铜器装饰纹样中也是非常常见的题材。过去的许多学者都对这一题材的形式变化以及它在铜器断代上的作用做了分析、研究[1],在此,我们借助前人的研究成果,对其图案的构成及演变做一分析,以展示这一装饰题材的风格流变。

商代青铜器上所装饰的凤鸟类题材,有立体圆雕和平面纹样两种基本形式。平面纹样的凤鸟纹,主要有三种,即小鸟纹、大鸟纹和长尾鸟纹,小鸟纹和长尾鸟纹多以带状形式作为器物的辅助装饰,而大鸟纹多以方块形作为器物的主题装饰。小鸟纹,勾喙,冠、尾的变化最为丰富。头上最初不见花冠,后来逐渐出现冠饰,冠饰多作绶带式飘于脑后,也有角形的,还有作歧冠。尾部多作垂尾,也有歧尾的,

---

[1] 陈公柔,张长寿.殷周青铜器上鸟纹的断代研究[J].考古学报,1984(3).

即尾部分歧为两股，上股向后，下股折而下垂，还有个别尾上扬的，这种歧尾的形式可能也是古代艺术家在平面展示立体形象的尝试。大鸟纹在商代后期有少量运用，造型为：勾喙、绶带式冠羽、垂尾，其图案和小鸟纹有近似的地方，唯其形体较大，如河南辉县褚丘出土的祖辛卣，器盖和腹部均饰此种鸟纹。[1] 长尾鸟纹也有少量运用，常有绶带式冠羽，勾喙，尾或作长尾上卷，如河南辉县褚丘出土的祖辛卣和殷墟郭家庄M160出土的卣，颈及圈足均饰这种长卷尾鸟纹，也有的尾作双股，一股向后平伸，下股下卷，似夔龙的尾部。

立体的凤鸟造型多用于器物的盖、口沿、肩部和足部做装饰，称之为鸟形饰，这类鸟的造型基本上比较写实，有形体较小的小鸟和形体庞大的鸮。小鸟的造型，身、尾皆较短，多无冠羽，有的也很简单，喙有作尖喙的，也有作勾喙的，尾有的较平，有作翘尾者，也有垂尾的。目前发现时期最早的北京平谷刘家河出土的一件盘的口沿上的鸟形饰，即为尖喙、平尾。同样造型的鸟还见于殷墟妇好墓鸮尊的盖上、湖南湘潭出土豕尊盖、江西新干出土的双尾铜虎等上的伏鸟等。而殷墟最为流行的是勾喙垂尾的小鸟造型，其出土的罍和尊的肩部所饰小鸟，多为这种造型，另外在一些圆腹扁足鼎的足也有做这种造型的，如妇好M5：1150。尖喙、翘尾的小鸟则多见于南方地区出土的尊、罍的肩部。据统计，在安徽阜南、湖北江陵、湖南岳阳、四川广汉三星堆等地出土的商代的尊、罍，80%饰有这类立体鸟形饰。[2] 大型的立体造型的鸟，就是商代后期常见的鸮，作勾喙、垂尾的圆雕造型，非常刚健勇猛。马承源先生认为这种图像，"应看作是表示勇武的战

---

[1] 河南出土商周青铜器编辑组.河南出土商周青铜器[M].北京：文物出版社，1981：290.
[2] 袁艳玲.楚公■钟侧鼓鸟纹研究：兼及商周时期的鸟纹和鸟形饰[J].中原文物，2006（3）.

神而赋予辟兵灾的魅力"[1]。

西周时期的鸟纹纹样基本流行于早中期,在继承商代小鸟纹样的基础上,有了新的发展。小鸟纹基本继承了商代的形式,但尾部的变化较多,趋向华丽的大鸟纹。大鸟纹以华丽的冠羽和大的尾羽最为显著,在西周早中期屡有所见。其造型有的头向前,有的作回首顾盼状。多作勾喙。冠羽一般作多条,有的耸立,有的垂于头前,有的飘于脑后。尾羽有的折而下垂,有的似冠羽分多条上扬下卷,有的翻卷到头前,有的羽毛上串缀着孔雀羽屏的斑眼,非常华丽多姿。这个时期的长尾鸟纹有了新的发展,主要表现在尾羽的变化上。其尾羽多作两股,上股与身体相连,作细长向后平伸状,下股尾羽与身体分离,或呈"◯"形,或呈"〜"形。西周中期以后,鸟纹走向没落,但出土器物发现有较多立体造型的鸟,分勾喙垂尾和尖喙翘尾两种造型,前者多见于北方,如陕西西安市临潼区出土的王盉的盖顶的卧鸟[2],后者多见于南方,如江苏镇江市丹徒区母子墩出土的提梁卣和双耳壶的盖上的飞鸟[3]。

春秋战国时期,青铜上的鸟纹发现不多,但风格有了较大改变,没有了以前的华丽神秘风格,代之以清新自由、轻松活泼的感觉。《诗经·小雅·鹤鸣》云:"鹤鸣于九皋,声闻于天。"《淮南子·说林训》载:"鹤寿千岁,以极其游。"鹤被赋予了神性,所以青铜器上的凤鸟纹造型大多采用了立鹤的形象,重点刻画出了鹤的各种姿态,有的欲展翅翱翔,有的回首梳羽,有的低首觅食,形象非常生动。如太原晋国赵卿墓出土的高柄方壶上的鸟纹,回首梳羽,显得悠然自得;而河南辉县琉璃阁出土的壶腹部所刻画的凤纹,则勾喙、翘尾,作展

---

[1]马承源.中国青铜器研究[M].上海:上海古籍出版社,2002:369.
[2]临潼县文化馆.陕西临潼发现武王征商簋[J].文物,1977(8).
[3]肖梦龙.江苏丹徒大港母子墩西周铜器墓发掘简报[J].文物,1984(5).

翅待飞状。[1]立体的凤鸟造型也表现了这样的风格，如新郑方壶上的鹤作展翅欲飞状，太原晋国赵卿墓M251出土的瓠壶上的鸟作蹲踞状，但已不再是商周时期温顺的姿态，它张嘴鸣叫，蓄势待发。这种风格的改变，正是时代精神、审美需求使然。

秦汉时期，四灵意识确立，凤鸟纹的造型逐渐定型化，成为服饰、漆器、瓷器、建筑装饰中的主题纹样。

凤鸟纹的文化内涵变化

青铜器上凤鸟纹的内涵，和龙纹一样，也一直是学术界最为关注的问题，就目前研究来看，主要有三种观点：图腾意识、祥瑞意识和神的意识。

凤鸟纹的前两种功能，在前述古代文献中都有详细记载。但对于青铜器上的凤鸟纹的具体作用，即到底是何种含义，仍为诸多学者所争论。一些学者认为凤鸟纹就是商民族图腾的遗留，如胡厚宣、于省吾等分别在研究甲骨文、金文时指出，商人的祖先曾经都是以鸟为图腾的。[2][3]有学者据此进一步指出，青铜器上的凤鸟纹也是殷商民族玄鸟图腾的遗留。[4]但也有部分学者持相反态度，认为凤鸟纹不具有图腾的意识，而具有祥瑞意识。如马承源先生认为，青铜器所饰各种鸟类，也许是对各种风神崇拜的反映，但他认为凤鸟不是图腾，而是起祥瑞的作用，并以商代前期青铜器不见凤鸟纹为证。[5]这两种观点，

---

[1] 河南省文物考古研究所．河南商周青铜器纹饰与艺术[M]．郑州：河南美术出版社，1995：198.
[2] 胡厚宣．甲骨文所见商族鸟图腾的新证据[J]．文物，1977（2）．
[3] 于省吾．略论图腾与宗教起源和夏商图腾[J]．历史研究，1959（11）．
[4] 王爱华．从"玄鸟生商"论商人的图腾凤[M]//中原文物考古研究．郑州：大象出版社，2003：141-145.
[5] 马承源．商周青铜器纹饰综述[M]//中国青铜器研究．上海：上海古籍出版社，2002：365-368.

在很长一段时间内影响着学界对凤鸟纹意义的认识。

对于上述观点，一些学者另辟蹊径，提出了不同看法，认为凤鸟纹和兽面纹、龙纹一样具有神的意识。这种观点主要以张光直先生的"萨满通灵说"影响最大。张先生首先提出，在人们的精神上，中国的商周时代属于巫术时代，并且竭力用巫术的理论来解释青铜艺术，由此提出"在商周之早期，神话中动物的功能，发挥在人的世界与祖先及神的世界之沟通上"，"青铜彝器是巫觋沟通天地所用配备的一部分，而其上所象的动物纹样也有助于这个目的"以及"商周青铜器上动物纹样乃是助理巫觋通天地工作的各种动物在青铜彝器上的形象"等近似的观点。[1]凤鸟纹是青铜器上的重要动物纹样，它应当也担负着这一功能。张先生在具体阐述鸟的作用时，也的确是这样认为的，他指出"这些鸟的形象，不仅是为装饰而来的，而至少有若干在商人通神仪式中起过作用"[2]。张光直先生的这种观点影响极大，得到了许多学者推崇，有学者做了进一步的补充，如孙长初先生认为高冠是古代巫师最为明显的标志，凤鸟纹最为突出的高冠必定和原始巫术有密切关系，由此指出青铜器上凤鸟纹图像是一种具有沟通天地人神巫术意义的神鸟。[3]

对于张光直先生的看法，也有一些学者提出不同意见。[4]在此我们不做讨论，无论其是否正确，但对于解释青铜器上的动物纹样无疑提出了新的思考角度，为我们全面认识青铜器装饰纹样是有积极意义的。对于商周青铜器上的凤鸟纹的意义，我们认为和兽面纹、龙纹一样具有多义性，其内涵不是单一的，而且不同时代可能有着不同的意

---

[1]张光直.中国青铜时代[M].北京：生活·读书·新知三联书店，1999：420，434，435.
[2]张光直.商代的巫与巫术[M]//中国青铜时代.北京：生活·读书·新知三联书店，1999：269.
[3]孙长初.商周青铜器凤纹图像研究[J].设计艺术，2005（4）.
[4]聂甘霖.浅析商周青铜器上的动物纹样：兼评张光直先生的"萨满通灵说"[J].北方文物，2003（1）.

义。作为青铜礼器组成部分,鸟纹同样具有祭祀的作用,它既有祯祥的意识,也同样具有神的意识,也可能是图腾崇拜的孑遗,也可能是纯粹的装饰功能。但在某一时期,它应该有一个主题思想内涵或功能。商代是一个尊神重鬼的时代,青铜器主要作为祭祀鬼神的礼器而使用,统治者或巫觋通过名目众多的祭祀以及索神、以茅招神、烟燎等各种祭祀方式,在祭祀场合营造出神圣庄严的氛围,祭器、祭物都是鬼神的享用物,都是神圣可畏的。作为青铜礼器重要组成部分的装饰纹样,同样要求具有神秘、诡异、狞厉的形象,来烘托祭祀的庄严神圣气氛。所以商代青铜器上的神异凤鸟纹样,主要应该具有神灵的意识。这种内涵在商代的甲骨文记载中也有相关反映,如殷墟卜辞中有"帝史凤"(《卜辞通纂》398)、"帝令其凤"(《殷墟小屯——文字丙编》第117条)等记载,都说明凤是一种神灵。西周时期,在"因于殷礼"的基础上,周人对社会思想做了适度的调整,即《礼记·表记》所谓"周人尊礼尚施,事鬼敬神而远之,近人而忠焉,其赏罚用爵列,亲而不尊",形成了尊祖敬德、敬天保民的思想。青铜器虽然用于祭祀祖先,但不再是畏惧,而是祈佑降福,所以作为祭器的青铜器也不再表现出神秘、怪诞的造型和装饰,凤鸟纹纹样所具有的应该是更多的祥瑞意识和观念。而春秋时期,"祭祀以为人也。民,神之主也"(《左传·僖公十九年》),神与人的关系发生了变化,逐步形成了"重人轻天"的思想,青铜器开始朝着以符合人的实用需要和审美需要相结合的功能方向转化。所见春秋时期青铜器上的凤鸟形象,常见的是写实的鹤的形象,因此这种凤鸟形象更突出表现的应该是装饰审美的需要。

这里需要提出的是对于商人图腾"玄鸟"的认识。"玄鸟生商"的感生故事为商人玄鸟图腾提供了依据,但就这个"玄鸟"是凤,是燕,是鹤,抑或是其他的什么鸟,学者们意见分歧较大。有学者认为玄鸟是燕子，有学者认为玄鸟就是凤凰……我们认为，不能简单地说它是何种鸟，它应当是当时人们想象的一种神异的鸟，应当称其为"凤鸟"。首先它是一种传说中的鸟，对于其形象并没有固定的说法，它可能是由燕子演绎而来，但到了商代后期，商人为神化其功能，加强其神秘性，在青铜器上创造出了多种造型的鸟，大多是现实生活中所不见的形象，称"凤鸟"最能概括这些鸟的名称。其次从艺术创造角度来看，凤鸟也是以现实生活中具体的鸟为雏形，按照自己的审美观念，寻找生活中认为是美的各种鸟的某些局部，加以综合，熔铸成一个再现生活的典型形象。有学者对安阳小屯一号灰坑内的鸟类做了分析，认为其中至少有5目5科6属8种鸟[1]，也许正是这些鸟类的原型为艺术家提供了素材。因此，青铜器上的鸟纹和鸟形饰表现出的是一种想象性和现实性相结合的综合性图案，称其为"凤鸟"最能体现这些鸟的图案特征。

在商周以后，凤鸟的形象逐渐趋于成熟，多用于服饰、器物装饰。从古代文献记载和古代实物资料可以看到，凤鸟的形象也是我国古代艺术家集多种飞禽走兽而创作出的神异动物之一。其在早期反映着先民的图腾崇拜，随着历史的发展，逐渐超越神秘的图腾性质，演变为政治观念下的产物和民族意识中的吉祥之物或德高望重之人的代称。当然，不可否认，古人对凤的喜好与崇拜掺杂了若干迷信成分，但其主旨则表现了对太平盛世及一切美好事物的向往，应该说这种意识是一种积极向上的心态。

总之，以龙纹和凤鸟纹而构成的神异动物类题材，为古代民俗文化增添了无限魅力，在中国早期，它是王或帝对通天权力的独占的视觉传播工具，具有浓厚的意象性的幻想图像代表。这类神异动物纹饰

---

[1] 侯连海.记安阳殷墟早期的鸟类[J].考古，1989（10）.

勾画了中国古代宗教的神性说、图腾说与祖先神说、巫术说、萨满通灵说等的视觉符号。而以神异动物纹饰为主构成的早期艺术形象,更蕴含了中国早期的社会历史、政治经济、军事科技、宗教信仰等诸多信息符号含义,它是中国早期文化的缩影,是中国艺术史上一座不可逾越的高峰。

帐书中的龙凤文化,蕴含了复杂的观念,独立的龙纹、凤纹,龙凤组合的图案,表达了不同的民俗文化内涵,需要区别看待。其中独立的凤鸟可能是代表着老百姓朴实的期盼——祝愿天下祥瑞的观念。而龙凤组合图案,可能正如乔台山先生分析,代表着一种平衡——阴阳的平衡、社会的和谐。

九莲帐书中还有其他的题材,如神话人物、传说故事、植物花卉等内容。这些题材从整体上看,都是吉祥文化的象征,寄托着写帐人美好的愿望,只是表现的方式不同而已,所以,九莲帐书具有民间美术的特点——有图必有意,有意必吉祥,这也是我们理解帐书的一个出发点。

六 帐书的特点

1 图画类帐书特点

九莲山的帐书,是河南民间艺术的一朵奇葩,在构图、线条、色彩的运用方面,形成了自身的特点。

构图的多样性和装饰性

从构图方式上看,帐书的构图非常灵活,写帐人根据所要表现的题材内容采用适当的构图形式。综合来看,帐盘艺术中的构图形式主要有单独构图、连续构图和混合构图等。单独构图,主要是通过一幅画面表现一个主题,如一些神话动物、人物的构图,基本上采用这样的构图形式,使要表现的形象更为突出。如人面鸟身纹帐,整个画面就描绘了一个人面鸟身的神话人物形象。

连续构图主要是表现一些人物故事、戏曲故事等较长内容,如牛郎织女传说故事帐,写帐人共分取衣牵情、结为夫妻、男耕女织、生儿育女、天庭震怒、鹊桥相会等20个画面进行连续描绘,展示了这个传说故事的主要情节内容。

混合构图,就是在一幅图画上展示多个主题的构图形式。如果一幅图画在安排一个主题后还有空间，那么写帐人就在空余的地方安排其他主题的图画，使整个画面显得饱满。其安排布局主要是根据图画的位置来安排所要表现的主题内容。如龙凤帐的主题是龙和凤，在龙、凤之余的空间，写帐人还穿插安排了太阳、月亮、山川、树木以及房屋建筑等画面。

九莲山帐书的构图还具有强烈的装饰性。就河南太行山帐书艺术的构图而言，其饱满、严谨、装饰性是不言而喻的。它图中藏字，字中有图，抽象处犹如毕加索的手笔，符号化的地方充满了米罗的诗意，还有的像是埃舍尔的迷宫，时有农民画的痕迹，又似儿童画的涂鸦……看到这些，我们感到惊奇、诧异！

在艺术创作方面，我们知道"构思是凭灵感和直觉的；观念艺术家是神秘主义者而不是理性主义者；他们直接跳到逻辑所不能到达的地方；非理性的想法应该被绝对地追随下去"[1]。正如张光宇所言："装饰构图就是不受自然景象的限制，往往是屈服于视觉的快感，而突破平凡的樊笼，往往是一种向上的或者飞升的能鼓起崇高超拔精神的一种形态。"[2]河南太行山帐盘艺术正体现了这一精神，在一个帐中，有天上、地狱、人间的景象，用点、线，用小写字母，汉字，阿拉伯数字，×、○等不同符号来反映创作者和人们的精神追求。如剪纸帐就是采取镂空的方式，在纸上剪出或刻出纹图，形成了线线相连、线线相断的虚实相生、阴阳错落的审美效果。由于工具和材料局限，在处理剪纸类的帐盘形象时，依据形象在内容上的联系，使用构成的手法，加以夸张、变形、对称、均衡、连续、疏密等平面化的处理，创作出具有浓厚装饰意味的帐盘。如神话人物故事帐盘，我们在这幅

---

[1] 唐尧.形而上下：关于现代、后现代雕塑的哲学与诗性陈述[M].北京：华夏出版社，2008：63.
[2] 杭间，张丽娉.清华艺术讲堂[M].北京：中央编译出版社，2007：142.

剪纸帐

神话人物故事帐盘

作品里看不到对形象细微光影的刻画,也没有我们经过学习训练而熟悉的比例、写实、透视等艺术手法表现,然而,它却有着另一种意义上的真实——精神的真实性。帐盘的造型,不受科学的透视学、解剖学的限制,而是自由地、随"心"所欲地再创造。这样它不但合乎艺术性特点,而且还具有了安定和平静的思想。

九莲山的帐盘,在以意造型上凝聚了创作者质朴的情怀和智慧的光芒,有着丰富寓意象征的文化传递,有着以形表意的精神寄托,也有因材施艺悄然天成的造物手段以及缤纷多彩的装饰性图式。有表现天体、星空的事态;有史前人类演变、史前文化等内容;有祈求国泰民安、风调雨顺之类的"天盘";有表现地狱和地面事物的,如自然灾害、地下宝藏、阴曹地府等内容的"地盘";有表现人类社会场景的"人盘"。在制作上有单纯的天盘、地盘和人盘,也有综合型或混合型的,即同一幅帐上有天盘、地盘和人盘的内容。这些可以说都是他们在代代相承的巫术观念支配下虔诚的产物。帐盘以意造型中的"意象"内容,是无边无际的精神本质,给写帐人提供广大的想象空间和表现空间,使创作者的主观意识和思想得到充分展示。譬如：写帐人得到"天命神授"旨意的无意识绘制，不接受专业训练，不按照专业程序、手法描绘，直接在材料媒介上一气呵成。当他们把创作好的作品展开时（虽然依据习俗我们一般人不能常见），我们会情不自禁地感叹这无意中产生的奇妙效果。如今，我们看到的帐盘多是种用"信天游式"（即兴创作）的技法创作出来的，呈现的是综合性的时空，装饰性的构图特征。这种平面化、装饰性、跨时空、随意化的处理方式，符合创作者的心理和创作特点，在创作过程中能充分地体现出创作者或写帐人稚拙、自然、天真的心态和审美趣味。正如毕加索所说，我问我自己，人们不能光画他所看到的东西，而必须首先要画出他对事物的认识。这也正体现了帐盘艺术自身的价值，在象征类帐盘中，他们用点、线、几何图形、阴阳八卦、吉祥图案来表现五行、盘古开天地、阴阳平衡等思想内容，他们用蝴蝶装饰鹿的耳朵、用眼睛装饰鹿身，呈现出原始绘画的狂野、农民绘画的淳朴、儿童绘画的稚拙和现代绘画的时尚美感。而这些是他们凭借一颗单纯的心，凭借超越逻辑的直觉和诗意的感受，驰骋于幻想和梦境的世界里的一种符号表达。

鹿帐

阴阳八卦合功帐

线条的意味性

在技法方面，多数帐盘采用了墨线勾勒填彩的简单技法。创作者用墨线勾勒出人物的轮廓和祥云等图案，然后再根据人物身份、性别等涂以不同的色彩，来完成画面，虽然非常简单稚拙，但又极为协调自然。也有个别帐盘仅仅采用墨线勾勒出物象的轮廓，如保和堂帐的技法，就仅仅采用了这样的技法来描绘人物和背景，但线条的运用较为流畅，疏密有致。

帐盘中"线"的表现是很有意味的。它运用抽象、概括的技法，表现出了丰富多彩的内容，或表现天体星空，或表现五行，或表现人类起源，或表现盘古开天，或为几何纹饰，或为点线符号……这种偶成的艺术现象，唤起人们的审美需要、精神需求。如风调雨顺帐，是绘有以凤为主题形象的帐盘，线条流畅、细致有序，富有韵律感、装饰感。一凤居于中间，其他元素有机地组合在一起，使各个部分组成的整体更加和谐，达到整体的一种自我维护。此外在凤的背景中，用白描的方法表现，用几何简化方法绘制多个凤的形态，形成对称构图，使画面显得平静而稳定，形象生动而富有生命力。无论是表示对女神的崇拜，还是作为天下安宁的象征，凤作为一种被抽象化的符号表达着人们的精神指向，这也说明了河南太行山里的人们表现事物时所具有的一种抽象意识。在中国艺术中，由线构造的象征符号、指代符号一直被大量使用着，并在每个历史时期产生着不同的、或多或少的影响和作用。如在史前陶器中的几何、植物纹样，商周时期的青铜器纹样，汉代画像石、画像砖、漆器上的装饰纹样，明清瓷器上的纹饰，现代商品上的装饰等。也因此，我们在九莲山的帐盘艺术中也好像能看到陶器、青

祥和图帐

符号帐

铜器、漆器、画像石、画像砖等载体上表现的纹饰的痕迹。符号帐就是运用长短、粗细、走向不同的线条以及疏密繁简不一的图案构成，形成独特的视觉表现。在线条的纵横牵掣、钩环盘纡中，我们仿佛看到了它所反映的心理活动轨迹，仿佛看到各种情绪在此中的交替与更

六　帐书的特点 | 103

迭。贡布里希认为这是一种"有层次逐渐复杂"的过程,他说:"观察一下几乎所有的单人游戏,我们可以发现一种倾向性,即给已变得太容易做的游戏增加花样和难度……我把这个加动作的过程称作'有层次逐渐复杂'的过程,加入的动作类似于视觉艺术和音乐里的装饰成分。"[1]

九莲山的人们对线性符号的理解和认识,是在对自然事物、生活现状、精神感悟进行图示化的过程之中,力求达到交流、审美等多重效果。所以在图示的选择上也多是一些线圈、线组,这无疑显露出太行山的人们是利用了线条的抽象功能来传达他们对世界的认识。在视觉审美上提高了中国人的线艺术表现力。这些极富形式感的抽象线条,促使人们在意识中更强调表"意",忽视表"象"。所以中国自古以来对于事物的认识,总是很抽象、概括和混沌的,例如对宇宙规律的追求,以"道"来囊括,而不是根据细节去观察和推理。帐纹带着很强的直觉性,经过人类对抽象符号的不断洗练,使之成为"有意味的形式"。

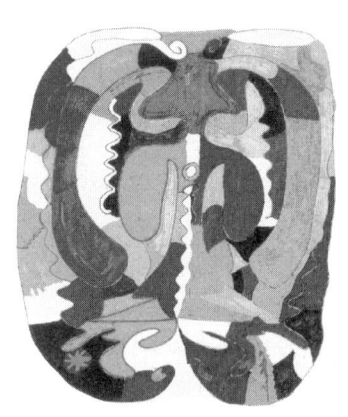

抽象图案

大多数画面比较写实,也有少部分较为抽象的图案。抽象画就是与自然物象极少或完全没有相近之处的,而又具强烈形式构成面貌的绘画。如抽象图案帐书的色彩搭配、构图形式、图画内容等,给人的印象深刻,很有抽象画的味道,画面主体由一些不规则的线条组成,看似率性而为。左右略微对称,各被分隔成不规则的块面,涂以鲜艳的颜色——红、黄、蓝、绿、

---

[1] E.H.贡布里希.秩序感[M].杨思梁,范景中,徐一维,译.杭州:浙江摄影出版社,1987:63.

紫、黑，对比鲜明。从画面构成看，似乎是两个正在母体内成长的孪生婴儿，帐书可能是为表现原始的生殖崇拜思想和朴素的传宗接代愿望而创作的。

色彩的现代主义特征

色彩是九莲山帐盘艺术中又一元素，构成的艺术形象，给人们带来了独特的审美感受和深刻印象。人们运用色彩来表达意愿，用色彩作为判断事物的根据和精神上的追求。在中国民间美术色彩中，创作者多是根据中国古老的五色观进行组织搭配的，他们往往会在五色（青、红、黄、白、黑）的观念内涵上，根据需要去突出某一色，以达到表达审美和精神上的追求。而太行山帐盘却独辟蹊径，既传承了传统色彩观念又凸显出了现代主义色彩特征，笔者认为这与他们绘制时使用的工具媒介不无关系。绘制帐盘的工具，多数是用笔（毛笔、彩色号码笔、马克笔、绘图笔、碳素笔），也有用刺绣、剪贴、拼贴的。用毛笔时使用墨汁、红色墨水，绘画时用油性水彩、油性绘图笔、丙烯。如用马克笔和丙烯颜料描绘的图案，颜色鲜艳绚丽，并且，由于用马克笔绘制会留下笔触和痕迹，画面上很自然地出现了肌理的视觉效果。在平面化的、绚丽色彩的画面中，这种无意识、非理性的"肌理"特征营造出活跃的、富有激情的艺术氛围，洋溢着乐观主义精神，使人得到心理和精神上的慰藉。然而，受工艺、原材料等制约，又或许是促使创作者不得不用绚丽的原色、间色演绎，但这种限制性与巧妙性共存的运用，使得帐盘艺术色彩呈现单纯明快、鲜艳绚丽、高纯度的特征。色与色的关系在对比、面积、形状、方向的运动中求得平衡与饱满。色点、色块、色条的相互照应，使画有十分充盈的视觉张力，增强了画面的概括性和可读性。此外,画中几乎包罗了色彩的原色和间色,完全不同于描写自然光色的绘画。我们可以这样理解:被认为最民间的色彩语言蕴涵着最丰富的人文修养,被认为最前卫的色彩形式可以从中找到原始的审美冲动。当然不能排除与绘画相关的形状与结构形式的魅力,因为艺术毕竟要通过这种语言告诉人们一个道理,通过视觉让人们感受到责任和原则,还有一种文化认同和精神慰藉的匹配。总之,从上面分析我们知道帐盘具有这种有冲击力的色彩视觉观感,它是人们的一种积极的、热烈的视觉心理反应,同时也是一种有寓意的表达,而这种有寓意的表达多是通过对比的方式进行。

伊顿在《色彩艺术》中指出:"对比效果及其分类是研究色彩美学时一个适当的出发点。"[1]对比艺术手法在帐盘色彩中的作用是显而易见的,多数帐盘就采用了高纯度的色相对比、强烈的补色对比等方法。民间色彩搭配也有口诀,民间常说"黄马紫鞍配""红马绿鞍配""黄身紫花,绿眉红嘴,显得鲜明"。[2]可见,人们的色彩意识和色彩感受的表露或物化是通过鲜明的对比呈现的。当然,帐盘色彩在追求对比性的同时,也非常注重色彩的和谐统一。所谓"光有大红大绿不算好,黄能托色不少",就表露了追求统一性的色彩意识。帐盘艺术装饰色彩的显露,依靠色块大小、形状、空间距离来经营统一,应该是受到了当代造型艺术的深刻影响。

此外,帐盘艺术色彩或许已成为一种观念性的阐释,而不仅仅是一种视觉的、感性的知觉形式。他们采用高纯度的色彩来表现自己的作品,在自由构成色彩的过程中,把握对比、均衡、变化统一规律。帐盘的色彩、图形均是象征性的符号,这反映出他们长期受到中国古

---

[1] 约翰内斯·伊顿.色彩艺术[M].杜定宇,译.北京:世界图书出版公司,1999:54.
[2] 左汉中.中国民间美术造型[M].长沙:湖南美术出版社,2006:108.

代五色观的影响。在阶级社会里，色彩被打上了阶级烙印。朱门、红墙、青黄为宫廷显贵所独有的"禁色"。还有的色彩被赋予了宗教的观念。黄、白等颜色被神秘附会，具有了特殊性的意义。如绘制在黄底、白底上的帐盘，色彩作为一种象征手段与事物形象相联系。如东汉刘熙在《释名·释彩帛》中所说"黄，晃也，犹晃晃，象日光色也"，"白，启也，如冰启时色也"。这种色相与人们的认识和实践及趋利避害相联系，也因此被视为是"神"用的色彩，是吉利的、祥瑞的色彩。色彩在不同的地域产生了不同的文化观，不同的文化对色彩所具有的象征意义有着较为不同甚至截然相反的看法。例如，黄色在东方代表尊贵、雅致，而西方基督教则认为它是耻辱的象征。色彩的这种观念性的象征意义被纳入包罗万象的中国古代宇宙论的框架中，与传统的价值观、宗教观、伦理道德观交互配合，交相辉映，具有深厚的文化底蕴和丰富的内涵。我们对民间色彩的认识不应局限于表面的感知，而必须对隐含在其中的历史文化内容和观念形态的象征意义、人文精神予以把握和体会。

总之，从九莲山帐盘设色的整体观念和特征来看，它遵循了传统色彩的象征意义，具有深厚的文化底蕴，同时又重视色彩的视觉审美效果，呈现出斑斓多彩的热闹景象。色彩在民间既是审美意识的体现，又是一种文化色彩的呈现，有着丰富的社会内涵。

2 字符类帐书特点[1]

帐书是写在纸上或布上的一些像画又不是画的符号。它们构思巧妙，精美大方，线条清晰，令人惊奇。通常所说的写帐是一个综合概念，包括写帐、开帐、交帐三个步骤。开帐，是由开帐人解释帐上的内容。交帐，是写帐人在仪式上焚烧帐。写帐的创作阶段主要是采用文字和绘画两种方式，需特别指出的是绘画帐中一般都有文字或字符存在，是图画和文字相结合的帐，文字多为图画的说明。另外也有用剪纸、拼贴等形式创作的帐书。写帐一般用普通书写纸，多为白色纸和黄色纸，篇幅较长的帐用布。现在写帐多用彩色画笔，以油性的为好，可以添加墨水。也有用毛笔的，用黑色和红色墨水。在布上绘制，有用丙烯颜料的。写帐人写帐从不打底稿，而是直接创作，信笔挥洒，如有神助。更令人称奇的是这些写帐人普遍文化程度都很低，家庭经济困难，社会地位较低，属于农村中的"另类"。这种社会文化现象已引起众多民间文化专家的浓厚兴趣，在国内外产生了一定影响，具有很高的研究价值和现实意义。

---

[1] 郑州轻工业学院的邵元珠先生对九莲帐书中的文字做了详细研究，详见《九莲帐书——叩问苍穹的文化之旅》（郑州：大象出版社，2013），本部分内容参考其研究成果。

从九莲山的帐书作品看，以字符为主的帐占绝大部分。而这些字符具有民间文字的典型特征和表现方法，并且达到了一定的艺术水准，应属民间文字的艺术范畴。民间文字也被称为汉字图形、民间美术字或意匠文字，是一种以汉字为基础，通过变形、夸张、反复、添加、缺省等表现形式进行创作，使之具有特定意义的民间艺术形式。"传统的汉字图形多有装饰功能，通常和民间的审美意义与功利意义相结合，在汉字图形的发展历程中，汉字图形与书法艺术、绘画艺术及民间的各种艺术形式相结合发展成独立的艺术门类。"[1]其题材多以吉祥内容为主，表达了人们追求幸福的心理愿景，充分显示了劳动人民的聪明才智，并渗透到民众生活的各个方面。但是，随着社会的发展，民间文字已很少见到，濒临失传。九莲山地区集中出现如此丰富的民间文字并至今仍在使用是很少见的，在一定意义上可以说九莲山帐书是中国民间文字的"活化石"。

下面，我们从民间文字的角度，对字符帐书的构成方法、艺术特点、文化特征进行梳理和思考，试图探寻九莲山帐书的历史渊源和社会价值，理性认识和科学传承这一非物质文化遗产。

字符帐书的构成方法

中国民间文字有其独特的社会功能，在长期的发展演变过程中形成了一定模式的构成方法和表现形式，符合劳动人民的审美观和价值观。根据吕胜中先生所著的《意匠文字》中的民间文字表现形式分类，九莲山帐书文字主要有以下几种形式：

---

[1]陈原川.汉字设计[M].北京：中国建筑工业出版社，2005：7.

择衣得体 简单一句话,"用自然中的生灵万物重新拼缀文字"[1],这就是"择衣得体"的内涵。人们根据审美要求和个人意愿,采用象征的手法,借用花鸟、鱼虫、草木、日月、星辰、山水等各种形象,对文字进行重新创作,以满足现实需要。这样也使单一形态的文字丰富起来,充分体现了劳动人民的聪明才智和对美好生活的向往,如因缘得福帐采用了鸟头形象组成字体,这就丰富了文字的单一形态。另如风调雨顺帐,其文字的笔画也是用鸟形表现的。另外还有的帐是用鱼、蜻蜓等动物形象表现的,使文字形象生动,更好地深化了主题。

节外生枝 在文字的结构、笔画之外,也有通过添加新的图形衍生新的形象与意境的,其目的是更好地表达主题,使之更加生活化。汉字的结构、笔画与新的图形相辅相成,互为一体,既在情理之中,又出其不意,极大地丰富了字面意思。如清瓷盘中"寿"字纹样的设计,就是用象征长寿的桃子和苍劲的桃枝与"寿"字相结合。在帐书中有一些作品的字体笔画往复变化、重复添加,如神州帐中的"神州"二字,回环曲折,和"寿"字的造字方法近似,有异曲同工之妙。另外,还有选

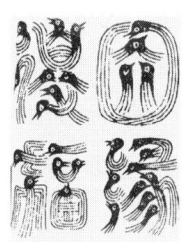

因缘得福帐

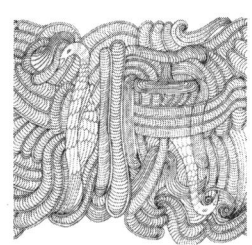

风调雨顺帐(局部)

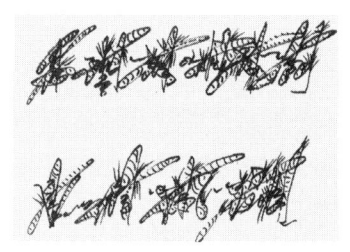

鱼形组成的文字帐

---

[1]吕胜中.意匠文字·龙卷[M].北京:中国青年出版社,2001:57.

清瓷盘中"寿"字纹样

神州帐

契丹大字官印图

迭文帐

文帐,具有九叠篆书体的特征。九叠篆书体,也称九迭文,是在宋朝形成的一种专门用来刻印的篆字别体。它是利用篆书的表现形式对文字进行艺术处理,笔画折叠九至十叠,甚至更多,以增加其装饰性和私密性,如契丹大字官印的设计即采用这种形式。迭文帐中迭文的表现形式就和官印图案惊人地相似,这绝不仅仅是巧合。

　　灵咒真符[1]　　用于驱邪纳福的咒符文字,如太上老君神印、道家神符、保佑读书人高中符。所谓的咒符,就是书写可使鬼神为信众驱邪纳福、保佑平安的文书。文字是经过重新组合的,且有一定的规律,但是一般人是看不懂的。而九莲帐书"总体而言,是道家的东西,类

---

[1] 灵咒真符是道教真人创作的为人类驱邪纳福用的符号,人们认为这些符箓可以交天地、通鬼神、防灾治病。符的名目繁多,大都是把拆散了的字的偏旁重新组合。普通人不认识,属道教文化。

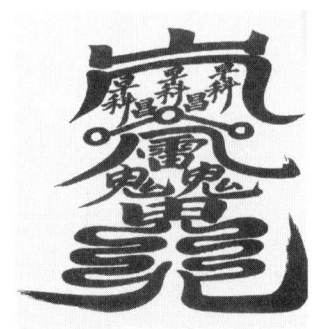

"保佑读书人高中符"文字

咒符帐

"招财进宝"字符

似于咒符一类"[1]。这类帐书上的文字和"保佑读书人高中符"文字的构成，具有一样的特征，但是，帐书对咒符的运用并不是简单的"拿来主义"，而是加入个人的理解，再运用到作品中去。相比较而言，后者的字就打破了前者规整的组合，显得更随意自由。

借口共用　找出相同偏旁、部首或相似之形，巧妙组合，互相借用，一箭双雕，或一箭多雕，从而形成一个整体的文字图形。这种字体的组合方法在滑县木版年画中很常见，如民间吉祥字符"招财进宝"就采用了这种方式，几个字互相借用偏旁，形成了一个独特的字符，体现了圆满、互通、和谐之意。这种字符的组合方式，在九莲山的帐书中时有出现，如繁文帐，其字符含义难以揣度，不知何意（参见乔台山、申法海：《灵魂的叙述》）。

藏字隐句　即运用一种文字游戏，用拆解、重组、谐音等形式对文字进行加工重组，使人产生想象从而表现出新的意境和意味，或者是因个人隐私不想让人知道而采取的一种秘密形式。如重

---

[1] "九莲山帐书之谜"系列之二 [N]. 大河报，2011-05-09.

庆白帝城关帝诗林碑画，就是把一首诗巧妙地隐藏在一幅竹子画中，诗句"不谢东君意，丹青独立名。莫显孤叶淡，终久不凋零"，通过画意来表现这首诗。另外，在民间还有一种文字设计方式，把文字排列得有粗有细、有大有小、有反有正、有多有少。如苏轼的《晚眺》就采取了这样的文字安排技巧[1]。这幅图的意思是：长亭短景无人画，老大横拖瘦竹筇；回首断云斜日暮，曲江倒蘸侧山峰。这些文字藏得更妙、更绝。而在九莲帐书中，这种方法也有使用，如风调雨顺帐就是在繁复曲折的纹饰中，藏着"风调雨顺"的美好愿望，这是典型运用"藏字隐句"的表现形式进行创作的帐书。

繁文帐

苏轼《晚眺》字图

替花叠影　这种表现方法是用一个完整的图形代替笔画，而不破坏文字的结构，线条设计恰到好处，形象生动，含蓄内敛，增强了文化感染力。如"信"的书写，创作者分别用了一人首鸟、一小鸟作为"信"字上半部，非常形象生动。[2]而这种替花叠影的表现方法也是九莲帐书常用的一种重要形式，如福禄寿帐中的"福""静"等字，都是运用了鸟的形象作为字体的组成部分，和上述"信"字的构成具有异曲同工之妙。

---

[1] 吕胜中.意匠文字·龙卷[M].北京：中国青年出版社，2001：27.
[2] 吕胜中.意匠文字·凤卷[M].北京：中国青年出版社，2001：349.

"信"字

福禄寿帐

九莲山字符帐书的艺术特征

九莲山字符帐书文字与中国民间文字一脉相承，从点画、结构和造境入手，采用嵌入与叠合、顶针与编排、添加与替代的表现方法，具有雅俗共赏的艺术特征，达到了较高的艺术水准，但是也具有一些特别之处。

现代艺术特征　徐冰先生作为中国当代最具国际影响力的艺术家之一，他以中国文字为基础，致力于《天书》系列创作，用符号性、图像性的语言，设计创作了一些"新汉字"，改变了人们对汉字的传统认识和思维方式。令人称奇的是，这种形式在九莲山帐书中也有出现，这种文字帐和徐冰的作品有着相同的韵味，可谓不谋而合。再如，著名艺术大师韩美林先生的书法作品，恣意纵横，浓淡相宜，而九莲山帐书中的一些文字帐也具有类似的风格特征，字体也是恣意纵横，笔墨浓淡结合，别有韵味。

"徐冰作品中的文字排除了书法的'音义'性,他对于'文字'的再造完全是出于现代东西方语言沟通的观念需要。它是通过对字形的重组和再造完成了一个巨大工程——从音义符号向视觉符号的全盘转化,使最具中国文化色彩的方块字不再作为交流工具的语言文字和书面形式,不再成为字音、字义的载体。他只保留了汉字字形的美学规范,从而使'字形'的美独立突出来。"[1]这些论述的某些部分可以用在对九莲山帐书的评价上,说九莲山帐书具备现代艺术的特征,把中国民间文字向前推进了一步,也是合适的。

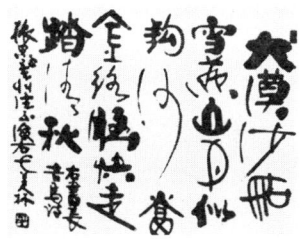

徐冰《天书》作品　　　文字帐之一

韩美林书法作品　　　文字帐之二

---

[1] 包仕武.观念与意趣:展厅文化对书法创作的推进因素[N].美术报,2011-06-11.

图符帐

为书乏动徍秉
体须入卧起愁
其形若嚞虫食
坐衔飞末叶利
剑毕戈用纵横
彊弓硬有可象
矢水火者得谓
云雾申矣

汉字的平方图

文字帐之三

现代设计特征 在现代设计中,文字设计已成为很重要的设计类别,其设计方法丰富多彩,并能运用到各个方面,体现出了较高的艺术水准。在九莲山帐书文字中呈现出了文字设计的构成方法和设计观念,字体运用装饰手法,绚丽多彩,富于诗情画意,有空心、内线、断笔、虚实、折带、重叠、连接、扭曲等多种形式。在第四届方正奖获奖作品中,获得字体设计大赛优秀奖的"汉字的平方",将"双"的概念体现得淋漓尽致[1],而在九莲山帐书中,也出现了类似的作品。这充分说明九莲山帐书并不固封自守,而是有借鉴现代设计方法进行创新性发展的。

综合性特征 与传统民间文字相比,九莲山帐书文字呈现出文字元素符号的综合性特征。它们以汉字为主,文字形态或是采用抽象符号,或是变形篆体字,或是象形字,还有一些呈现出鸟虫篆、花鸟字、数字、外文等文字形态,展现出一种多元的、全新的艺术特征,拓展了想象的空间,提高了感情释放的

---

[1] 中国文字字体设计与研究中心.为书之体:方正奖中文字体设计大赛精华集[C].北京:中国青年出版社,2009:64.

自由度。

书写性特征　九莲帐书是"写"出来的，这个"写"字，在科学技术突飞猛进、西方文化来势凶猛、社会急功近利、人们心浮气躁的今天显得尤为可贵。用手书写，是感情的真心流露。九莲山帐书由于其特有的书写特征，与约定成俗的传统文字相比显得更加轻松自然、情深意长。

图文结合特征　这里所说的图画与文字结合，不是单个文字与图形相结合，而是在一幅作品中既有图画又有文字，彼此独立又相互依存，文字是对图画内容的解释和补充，就像中国画作品中的题字落款，具有传统绘画的美学特征。

篆草特征　九莲帐书中的文字大都具有篆体字的特征，尽管一些字不是准确的篆体字，但是它具有篆书的笔画特征和笔法。另外，一些字体具有草书特征。其篆草特征与帐书的功能要求密切相关，因为真草隶篆诸字体，最难辨认的就是篆体字和草体字。

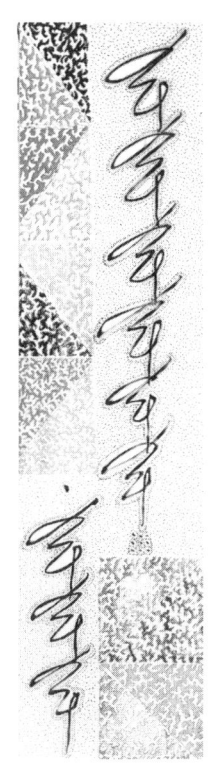

文字帐之四

九莲帐书文字的文化特征

神秘主义特征　神秘主义在中国具有悠久的历史，是东方文化的主要特点之一。神秘主义是指能够使人们获得更高的精神或心灵之力的各种教义和宗教仪式。神秘主义的基本信条就是世上存在着秘密的或隐藏的自然力。这里，神秘的知识被认为是来自原始的智慧，神秘的自然力被认为可以用来控制环境和预言未来。神秘主义渗透于中国传统文化的方方面面，特别是民间信仰、民间艺术等方面，汉字图形的社会功能使之与神秘性紧密相连，成为民间文字传承发展的动力。民间艺术与原始宗教、传统信仰密切相关，从而带给人高深莫测的玄妙之感，是对祛灾纳福的生命祝祷和对生殖繁衍的祈求。

九莲山文字自始至终充满了神秘色彩，一些现象常人无法理解，用文字表达即为"天机不可泄露"。这种浓郁的神秘主义色彩贯穿于人神、天人以及自然与文化之间，通过非常规的认识方式昭示人生真谛。它反衬出人类追求真善美的信心，而且，只要社会尚未达到理想的美好境界，人类受到社会变化的压力后，自然会有一种对精神慰藉的需求，以获取理想的补偿。因而神秘主义不仅有传统的渊源、历史的积淀，而且也有深刻的现实意义。人的精神生活、精神世界极为复杂，难以把握，因而神秘思潮总能找到其生存空间，永远不可能彻底消失。在此，我们不探究神秘主义是否科学，但我们完全可以从其艺术性和理想的高度予以认可。

由神秘主义而形成的非公众性特征是九莲山文字不同于中国民间文字的特征。中国民间流传的文字符号，大多可被群众接受和认识，人们对其中的文化内涵较为了解，而九莲山帐书由于其特殊的社会功能而更显神秘。

吉祥文化特征 吉祥艺术是一种与生活密切相关的艺术，它使每一个平淡的日子变得充满乐趣和生机，给人们的心灵带来了满足。中国人向来有着吉祥观念，它深入人心，具有很强的民族特色，成为人们情感表达的主要载体。中国的吉祥心理和吉祥艺术传承延续几千年，殷商时期的甲骨文实质就是一种占卜文字，占卜实际上是对吉祥的期待。《周易·系辞下》曰："吉事有祥。"就是说吉祥如意之事都有祥兆。《庄子》中说："虚室生白，吉祥止止。"《说文解字》中说："吉，善也，从士口";"祥,福业,从示羊声,一云善"。古代"吉祥"解释为"吉者福善之事,祥者喜庆之征"。在我国,"吉祥"向来是表达祝福喜庆的良言善语,吉祥观念成为战胜困难、向往美好的心理愿景,是中国传统文化中具有深厚群众基础的文化现象,是东方文化的独特景观和宝贵财富,展现了中国人民的生命观、生活观、思维观、审美观和道德观。并把这些观念用艺术形式表现出来,渗透到生活的各个方面,代代相传,从而成为一道独特的文化风景线,屹立于世界民族文化之林。吉祥文化也是一种观念性极强的民间文化形式,其内容寓意深刻,主题传达明确,深受人们喜爱,民间就有"出口要吉利,才能合人意"之说。进入文明社会以后,追求吉祥美满的心理得到进一步发展,一些动物、植物以及纹饰图形被赋予特定含义,成为吉祥喜庆的象征。这种缘物寄情的寓意无外乎表达福、禄、寿、喜、财、吉、和、安、养、全十种心理愿景。在吉祥文化中又多以祝福为主,表达对他人或自己的美好祝愿,以此沟通人与人之间的情感。

从九莲山帐书文字内容和部分写帐人所言可知,他们写帐的目的是驱邪除灾、纳福招财、延年增寿,祈求幸福、健康、丰收、和谐。同时图案和文字内容也与之相关,图案出现了诸如云纹、太极、太阳、月亮、蝴蝶、蝙蝠、蜻蜓、鸟、鱼、葫芦、龙、凤、莲花、松树、铁树、玫瑰、生命树、宝剑等吉祥图形。帐书中也出现了天安门、国旗、汽车、摩托车、楼房、发射塔、电线杆、公路等具有时代特征的表现国泰民安的新元素。另外,也有表现美好爱情、男耕女织的题材。文字内容也多为"风调雨顺、福禄寿喜、保卫祖国、国泰民安"等吉祥语句。这些充分体现了九莲山帐书的吉祥文化特征,与国家倡导的小康社会、和谐社会和新农村建设要求是一致的。

汉字崇拜特征 汉字是中国文化核心的核心,是华夏民族的血脉。

《淮南子》说仓颉造字时"天雨粟,鬼夜哭"。文字的产生,上苍为之感动,魔鬼为之恐惧,可见文字的无穷神力。因此中国自古就有"敬惜字纸"的习俗。汪曾祺先生有一篇文章《收字纸的老人》,里面说:"中国人对于文字有一种特殊的崇拜心理,认为字是神圣的。有字的纸是不能随便抛掷的……"清代画家曾衍东有一幅关于"敬惜字纸"的作品,画中有一位老人,肩挑箩筐,沿街捡有字的纸,并题款曰:"惜字当从敬字生,敬心不笃惜难成。可知因敬方成惜,岂是寻常爱惜情。"[1]据说这些纸收回去整理干净后,要专门到"惜字亭"烧掉,人们相信烧掉的字将会化为一只只蝴蝶飞到天上去。因此,"在人们心目中,字是神赐予芸芸众生的灵魂,崇拜生命,就要崇拜文字;珍惜生命,就要珍惜文字"[2]。人们普遍认为文字是有灵性的,同时认为通过文字可以与上天对话,只有文字才能表达自己的思想感情。九莲山帐书中大量文字与人们的传统信仰息息相关,这也许是帐书之所以使用文字最本原的解释。

---

[1] 吕胜中.意匠文字[M].北京:中国青年出版社,2001:21.
[2] 吕胜中.意匠文字[M].北京:中国青年出版社,2001:23.

七 九莲帐书的价值

1　九莲帐书的社会功能

在几次的田野调查中，我们发现，九莲山这山野之地较好地保留了传统的生活方式和生活空间。山里的人们，白天生产劳动应付生活压力；晚上和固定假日集合在庙宇里倾诉，释放精神和思想的压力。有些人来的时候感觉压力重重，走的时候轻轻松松，这是一种社会生活方式的具体表现形式。对这种文化方式进行研究，对我们解决现代社会快节奏、高压力、精神紧张，解决精神生活与物质生活关系问题有一定的启发。

中国古代三教合流，庙宇和老百姓的生活融在一个共同空间当中，是一个精神生活和经济生活的共同体，其社会功能是多元的，因此具有很强的自我调适功能。这些年经过了改革开放以后，经济发展了，社会富足了，人民的生活方式、居住空间、物质生活空间发生了很大的变化。同时，另一个重要的变化就是精神生活空间的淡出，农村村落已很少存在精神生活的空间，人们的精神生活比较匮乏。广大农村过去的宗祠、庙宇从我们生活当中革除了。有效的公共文化设施和集体文化生活越来越少。中国几千年来习惯的生活方式，距离我们越来越远，那种文化性、仪式性和认同性很强的文化生活方式的缺失，带来的问题是社会功能的简单化、社会伦理道德的淡化和心理疾患的多发化、复杂化。人要活在一个有倾诉、有寄托、有亲情、有伦理的空间里才能心理平衡、身心愉快。建构这样一个结构合理、自调适能力强的生活共同体是建设和谐社会长治久安不容忽视的问题。

过去人和神、身和心、精神生活和物质生活通过文化仪式在这么一个空间中实现和谐，创造了一种天人合一、精神生活与物质生活合一、人和自然合一的文化，特点非常明显。

现在的生活节奏快，讲效率，重经济效益，淡忘了精神和文化的重要性。然而，物质和经济不能解决一切问题，在生活节奏越来越快、生活压力越来越大的今天，道德问题、心理问题越来越多，精神与物质生活相脱离的生活方式所存在的局限性日益显现出来。社会科学研究者应高度关注，为解决人在社会生存中的精神生活问题献计献策。

我们的文化讲儒学，儒学在成就人的社会环境方面很周到、很实用。孔夫子的理论立足于日常伦理，注重入世修养，在这一基础上，中国文化博采众长，广泛融合，形成儒释道合流的外在表现形式，综合解决了人生中的问题。人们有个形象的比喻，说儒教好比是粮铺，道教好比是日用百货铺，而佛教好比是药铺。道理很简单，粮铺很重要，但人活着不能光吃粮食，病了要吃药，平时也有需要日用百货的时候，这些问题都解决了人才能生活得好。所以对于现在的新农村改革、新农村建设也要有这样一种认识，即使是现代人，我们也不能光解决吃粮食问题，白天吃，晚上睡，没有信仰，没有家族、家庭，没有祠堂，不讲伦理，这样一种没有精神生活的生活是有缺憾的。传统社会的结构搭配有其合理因素，既有吃粮食的地方，也有治病的地方，就是说社会设计要在考虑日常生活的同时，考虑到精神疾患的医治，就像身体产生疾患有医院可以治疗一样。精神上的疾患需要有地方去倾诉，社会结构中也应该有它的位置与合法地位。长期以来，我们很少从这一角度去思考问题。正因为如此，才需要向传统学习。

现在我们的村落、社区建设应该借鉴一切有益于当今社会实践的智慧，这也是一种思想解放、一种重要的社会主义新文化建设。从这里出发，进一步完善我们农村、城镇的生活空间的社会功能，从而完善我们的生活方式。来到九莲山，笔者觉得它有这样的社会功能，使交流倾诉与生产生活相结合，精神生活又与物质生活相结合。在这样的空间结构中，人们可以生活在浓浓的文化氛围中，生活在信仰中，又生活在现实中，这恰恰是中华文化的一个特点，讲究天人合一，和自然亲近，和自己心中的信仰亲近，以此治疗心理疾患。

《论语》开宗第一句："有朋自远方来，不亦乐乎？"这说明人的内心是孤独的，需要排遣，需要倾诉，需要道同之知音。知音难觅，就如刘震云的《一句顶一万句》中所说：一个人于滚滚红尘、火树银花中寻寻觅觅，蓦然回首，那人却在灯火阑珊处，于是共剪西窗烛，巴山夜雨时；登上幽州台，前不见古人，后不见来者。这是一种无法排泄、难以言表的孤独感。那人与人之间的有限相托和不能言说，就需要有另外一种方式去表达。写帐，是信仰亦是倾诉，把心中的郁结宣泄在帐书上，为心灵寻找一个突破口，媒介就是这些符号、文字和图画。多数写帐人写帐是从生病开始，把心里话说出去，解了心结，心情舒畅了，病好了，这也是一种心理疗法。回过头来联想前边那个形象的比喻，人们的生活既需要粮铺、日用百货铺，但一点也不应该忽视药铺的建设，社会要有能力综合解决人生中的问题。儒道佛三教合流、功能互补形成一个共同体，是经过几千年历史检验能解决普通人生活问题的文化结构。当今社会要进行社会主义新文化建设，中国村落、社区建设也应该借鉴一切有益于完善生活空间、完善生活方式的传统智慧。

2 九莲帐书的文化价值

九莲帐书的文化构思奇巧、形式独特、手法多样，是一种很陌生又很有意味的"艺术作品"。它们虽多出自九莲山周边当代农民之手，在形式和内容上却和洋溢着乡土气息的现代农民画截然不同。其创作动机会给人一种诡异和神秘感。创作者不寻常的想象力和出乎意料的表达方式会让人记忆深刻。

在用美术的形式作为民俗信仰的道具的同时，香客们还运用唱经这种音乐形式表达心声。他们汇集到西莲寺唱经——唱给神灵听的乐曲，演唱者或是向神述说自己在现世的种种不快与迷惑；或是以与神对歌的形式，表达对神灵的无限尊敬；或是劝导人向善自律，甚至还批评时弊。唱者动情，听者专注。这种借助河南当地曲艺娱神娱己的形式，无论是独唱，还是对唱；也无论是欢喜的，还是哀伤的，表达的都是自己的心声。用民众喜闻乐见的方式，巧妙地宣泄积压在心间的喜怒哀乐与酸甜苦辣，让心灵得到安抚，然后一身轻松回去过日子。来自民间的智慧将生活艺术化，也将艺术生活化，艺术的社会功能自然而然被诠释出来。

我们在采访部分写帐人时发现，他们的陈述听起来不合常理，甚至故弄玄虚,有悖于今天我们崇尚的科学,但将其归入迷信、愚昧似乎也有诸多不妥。因为简单地用先进与落后将其进行界定,无疑是武断的。任何一种现象只要存在,自有其道理。如在该地至今还有"写帐在中原,交帐在西莲"的传说。写帐的目的就要让神知道,要有一个场所和神交流。如同西方天主教堂的忏悔室,神父代表神听人忏悔。用客观理性的态度看待那些神秘现象,才能从雾里看花中走出,用慧眼看清纷扰,接近真相,不误读。

　　帐书的形式、题材对于现代艺术创作具有一定的借鉴价值。九莲山帐书的吉祥寓意、艺术特征、功能表现以及精神本质承载着丰富的文化内涵,应多角度、全方位地对帐书文化进行解读和探源,总结其创作方法和艺术规律,使之成为我们艺术创作的源泉。

　　利用科学的方法认识和研究帐书,能促使其更好发展。世上没有无中生有的现象,一些所谓的神秘现象是能够用科学的方法进行解释的。九莲山帐书应从民俗学、文化学、社会学角度进行生态研究,从心理学、艺术学、文字学角度进行信仰研究。另外针对写帐者、送帐者、普通信众、游客可分别进行个案跟踪研究。正确区分科学、信仰与迷信,从而更好地利用这一宝贵文化遗产,为社会主义文化大发展、大繁荣做出应有的贡献。

　　九莲山存在儒释道三教合流的特点,具有历史悠久、文化资源丰富、群众生活方式原生态等优越的条件,要充分利用,发挥其文化价值,同时服务于当地经济、文化建设。

八 九莲帐书发展思考

1　正确认识九莲帐书

科学定位和认识相关"神秘现象"

九莲帐书文化，只是民俗信仰的一种体现，其借用民间艺术的形式，表现出某种神秘的文化现象。那么如何正确认识其"神秘现象"呢？

第一，我们自己不能囿于神秘思想。帐书之所以神秘，是因为我们没有走入写帐人的内心世界，对其缺乏充分了解。第二，写帐人学历水平不高，但社会阅历较为丰富。如很多帐书的题材，虽然写帐人说是"神授天命"，但其明显借鉴了传统文化艺术中的符号和图案，写帐人应该是在过去见过这些传统符号和图案。第三，部分帐书表现出的想象力非常丰富，超乎我们的预料，这可能和写帐人虔诚的信仰以及心理作用有关。他们不局限于传统的模式，创作的随意性较大，这反而有助于其创作出出人意料的作品，这是正常的现象。第四，从字符内容看，其具有很强的模式性和民间文字的构成方法，所表现出的艺术特征和文化特征，与民间文字文化特征一脉相承。这就是中国民间文化的一种形式，它具有民间艺术的基本特征，并非"神授天命"。

诚然，我们对信仰的问题应予以尊重，信仰的力量和心理的慰藉是很强大的。因此，我们认为对"神秘现象"的解释不能太"神"，要科学认识其神秘性，适当保留其神秘性。但是，科学地讲，九莲帐书就是一种传统的文化现象，其写帐无神秘可言。每一幅帐书，代表的是个人意愿的表达和宣泄，个人的书写和创作，外人又怎能轻易理解其意图呢？所以，在一定意义上，可以说不被认识、搞不懂其产生的原因和用途，恰恰是在情理之中，这也是宗教信仰所呈现的主要特点。

准确把握九莲帐书文化内涵、艺术特点

九莲山的帐盘艺术题材丰富，而且都具有深刻的文化内涵。写帐人写帐的目的主要是为了驱邪除灾、纳福招财、延年增寿以及祈求幸福、健康、丰收、和谐。这种目的，在帐盘艺术的图案中反映较为明显。如画帐中的蝴蝶帐据介绍该写帐人婚姻不幸，而蝴蝶在我国文化中是婚恋的象征，所以说这种蝴蝶帐，应该是寄托了其对幸福婚姻生活的向往。

再如帐盘中的鱼、蛙、葫芦等图案非常多，尤其是葫芦的图案，在西莲寺大雄宝殿和其他大殿的屋顶上刻的、画的、雕塑的到处都有，观音楼上画的也是一大片葫芦。而这些图案，反映的是一种生殖崇拜的传统思想。这是几千年中华农业文明生殖崇拜、祖先崇拜的观念在文物和生活中的表现，是实实在在的民间信仰文化。

而图画帐中出现的民俗故事题材，如前述牛郎织女的故事，也是对美好爱情、男耕女织的生活的一种向往、一种心理暗示。

其他的诸如云纹、太极、太阳、月亮、蝙蝠、蜻蜓、鸟、鱼、龙、凤、莲花、松树、铁树、玫瑰、生命树、宝剑等图案,在我国民俗文化中,大都有对应的吉祥符号寓意,反映着一定的文化内涵。

帐盘中还出现了天安门、国旗、汽车、摩托车、楼房、发射塔、电线杆、公路等具有时代特征的新元素,这些主要是用来表现国泰民安的新社会风貌。

可以说,九莲山图画帐反映出了民间美术的重要特点:有图必有意,有意必吉祥,每一幅图画都具有吉祥的象征符号功能,寄托了写帐人美好的愿望,体现出了写帐人纯真的思想。

从民间文字的角度看,九莲帐书具有较高的历史文化价值。它不仅保留传承了民间文字,而且达到了较高的水平,有所创新,有所发展,特别是它具备的现代艺术特征和现代设计特征令人刮目相看。但是,我们也应清醒地看到它与传统经典的民间艺术相比还存在一些差距。

2　九莲帐书发展建议

梳理历史、规范民俗信仰

关于西莲寺的历史问题，应寻找资料，加以梳理。西莲寺庙宇历史，传说有很长的历史，实际上没有找到太多的文献记载依据。中国人看建筑的历史，一方面看实物，一方面看文献。现在发现的康熙碑、雍正碑、乾隆碑多散落在河边的坝上、庙前、路边、角落里，希望能把这些碑都收集起来。这是悠久历史的证明，至少证明庙宇在明清时的发展是非常红火的。

关于神位的排放顺序，应加以规范。西莲寺中的前殿以佛教为主，后殿以道教为主，这样的结合方式，反映了中国文化的大度。神位的摆放位置有点随意，可能是赞助人、供养人出钱，按他们的意愿摆放的。要发展旅游，进行文化建设，把西莲寺做成很好的道场，神的座次就要讲究。九莲山有丰富的文化资源，具有很强的开发潜力。一定要高标准、严要求，把景区建设成为一个规范、地道的非物质文化遗产保护区。

九莲山民间文字的发展思路

　　帐书是九莲山民俗文化的主要内容之一,是非物质文化遗产的重要组成部分,是一种独特的文化现象,加强研究和保护刻不容缓。九莲帐书之所以兴盛至今,究其原因大约有两点:一是帐书文化在精神上深入人心,在物质上代代相传;二是它有一个传承的载体。《左传·僖公十四年》曰:"皮之不存,毛将安傅?"帐书就是"毛",而民俗活动是"皮",如果没有皮的存在,毛将失去生存的土壤,"毛"也将形同虚设,最终会因没有根基而消失。因此,要加强非物质文化遗产的保护,建立九莲山民俗文化生态保护区,成立中国民间文字博物馆,使这一珍贵的文化遗产原汁原味地保存下来,从而,借民俗文化的繁荣弘扬丰富多彩的汉字艺术,使民间文字成为九莲山独特的文化景观,使旅游与文化相得益彰。另外,通过博物馆的建立,使之成为帐书创作者的学习课堂,使学习成为自觉,从而有利于其传承和发展。

　　从国家政策和非物质文化遗产申报原则看,把九莲帐书文字纳入中国民间文字范畴并进行申报较为合适。理由有三:一是以帐书申报有"迷信"嫌疑,与国家文化政策不符;二是以民间美术申报,显然这一文化形式是不是遗产值得商榷;三是以中国民间文字(汉字)为主,申报非物质文化遗产的项目目前还没有申报成功的项目先例。

　　我们的艺术,是世界的,也是民族的,单纯抱着五千年文化或简单地模仿西方都是行不通的,要在艺术创作中既体现个性和民族性,又要展示出现代的观念意识及时代感。正如韩美林先生所说,这个世界如果没有民族的东西,就没有趣了。只有立足民族,才能立足世界,方显民族本色。如果失去民族性,它将成为无本之木、无源之水、无流之河。因此,加强对九莲帐书文字的学习和保护已成当务之急。

以保护、传承为主,防止过分现代化的开发

九莲山群众的生活方式和生活空间结构比较传统,是中原农业文明的遗留,应该给予高度关注与保护,防止过度现代化开发。

作为学者,置身于九莲山这个环境之中感觉很舒服,但在思想上还是有很多担忧的。一是香客们有顾虑,二是保护机构有局限,三是管理部门有难处,这就要求相关人员要在国家法律允许的范围内去合理合法地开展信仰活动。我国民族的信仰从远古走过来,一直没有间断,现在要生存下去,就要按照国家要求有智慧地长期地发展。尽管目前还有很多困难,仍要积极参与到独特民俗活动的研究中,从学术角度、文化角度、信仰角度、人类学角度、心理学角度,对九莲山西莲寺帐书文化进行探讨研究。不只考虑申遗,还要考虑各方面的问题,该做的学问,该做的研究,该进行的民俗活动,都应可持续地往下发展,使九莲山交帐盛会健康长远地开展下去。只要坚持,相信这悠久的历史文化一定会传承下去,不断地发展并创造出新文化。

结语

　　九莲山不大,所呈现的风物却不可小视;西莲寺很小,却有着多元的文化现象和多层次的性格。从观察到的那些会让人迷惑的表面现象里仔细地品味,触碰到的是与现代社会不合拍、甚至常常是鱼龙混杂的传统文化。自清末以来,人们热衷于追逐现代文明,与传统脱节现象已表现得格外突出。但在九莲山里,无论是看得见的传统文化现象,还是看不见的文化信仰,都在乡民中承袭和发展着,其中的积极因素与消极因素混杂在一起,那么究竟该如何看待这种文化现象?如何认识其价值呢?

　　首先,在对待这种文化的态度上,我们应该心存温情与敬意。文化是人类创造的精神文明的结晶,涉及范围广阔。生产、生活、语言、习惯等因素构成其基础,更促其诞生。众多的专家学者们从各个角度进行研究,试图准确地给文化下个定义,但总是不尽如人意。简单地说,世界上有多少民族,就会有多少种文化,而且每一种文化都有其与众不同的特点。即便是同一国家、同一民族,如果生活在不同地域,不同个体在文化细节上也会有差异。在不同的时代,文化还表现出强烈的时代性;在不同的阶层,文化也有与之相应的形式和内容呈现。

中国是一个有着悠久历史的国家，绵延不断的文化滋养着这方土地上的人。中国艺术研究院中国文化研究所所长刘梦溪这样描述中国传统文化，说它是指中国传统社会中华民族的整体生活方式和价值系统，其精神学术层面应该包括知识、信仰、艺术、宗教、哲学、法律、道德等。内涵广博且深远的传统文化，伴着斗转星移的历史进程从统治地位跌落，催生现代科技工业文明的西方以及西方文化百多年来成为中国人趋之若鹜的效仿对象。20世纪时传统文化遇到前所未有的危机，对于很多中国人而言，传统文化就像熟悉的陌生人，境遇好不尴尬。难怪香港中文大学前校长金耀基先生感叹道：中国传统文化是二十年代看不见，八十年代不想看。此话如实又形象地总结出百年来中国传统文化的命运。

人们常常将文化分成先进与落后两个阵营，其实这两者是相对而言的。因为文化是靠一代一代的传承进而发展的，一旦丢失，再想恢复则非常艰难，甚至不可能。何况经济和科学技术的先进与否与文化先进与否在很大程度上无关，它们之间的确存在密切的联系，但却不是同一个概念。不过，现今人们往往据此来判断文化的优劣。不能否认，在向现代迈进时，中国的速度太慢，文化扮演了"扯后腿"的角色，对自身文化产生怀疑是情理之中的。究竟如何看待传统文化，难道真的是在大浪淘沙的过程中，只留下了落后和愚昧？孔子说，礼失求诸野。不妨从九莲山保留下来的这些文化现象中，探寻一番。

客观地说，人类文化的根基是底层文化，是普通人的文化，即所谓土生土长的俗文化。这些民众在生产生活过程中形成的一系列物质的、精神的文化现象，其实就是百姓创造、共享、传承的风俗习惯，通常被称之为民俗。所谓"风"是来自自然原因所形成的习惯，所谓"俗"是来自历史和社会所形成的习惯。它不成体系，且具有与生俱来、约定俗成的特点。由于这种文化附着在生活、生产上，早已让人习以为常，与今天人们关注的精英文化相比不能同日而语。但必须清楚的是，文化之所以成为文化，并不是因为它能产生精英，只是有了精英使文化更文明。应关注带有草根性质的文化，不能只是侧视，应该正视，从鱼龙混杂里把握住能够让我们生生不息的文化脉搏。如此才能保持自身文化的特色，还能强化民族精神，塑造民族品格，对文明的进步会更有利。

今天的文化有一套制度，是人创造或设想的一个文化体系。接受该制度体系的教化，是成为一个现代文明人的必要条件。而民俗文化则相反，它总会与落后愚昧画等号。民众不仅嫌弃它，还任其自生自灭，甚至不少人还将其列入被历史淘汰的行列。加之民俗文化过于庞杂，民众常常是"不识庐山真面目，只缘身在此山中"，就更降低了人们对它的关注度。其实民俗文化是最应该受关注的。因为民俗有很强的集体性，它是依附于人民的生活、习惯、情感与信仰而产生的文化，最能代表百姓的心声。不怕重复、发自内心、公众行为是民俗的特点，像九莲山西莲寺的写帐、唱经、求神拜仙这些行为都是民俗信仰的具体表现。不过出现在民间的信仰总会与迷信扯上关系，这种联想有失公允。因为迷信是指蛊惑人的、谬误的信仰，民间的信仰未必都是与此相关。特别是远古时代，原始人对周围世界的认识与现代人不同，德国哲学家费尔巴哈曾经非常形象地以太阳为例，来解释原始的崇拜。他说：假如太阳在天空中，在你的头上永远不动弹，你不会崇拜它。只因为它早晨从东方升起给你带来温暖与光明，晚上给你带来黑暗，你才知道太阳的珍贵，所以你早上要迎接它，晚上希望它回来，你离不开它，才崇拜它。这种比喻就是说当人们把握不了自己的命运时，就会由于敬畏而产生崇拜，这与古人所处的生活环境有直接的联系。这些习俗不断地积淀，成为人类的一种记忆甚至成为人类文化的一种基因。直到18世纪，人类从精神层面与原始习俗中找到规律后，开始用有效且合理的方法解决问题，人们才真正以科学的理念重新认识世界，揭开现代文明的序幕。

古代中国的信仰与西方不同，具有"宁可信万神之能，绝不信万能之神"的特征，传统文化最关注的是现实和人世。九莲山的民俗文化现象，能够清晰表现出这样的特点。如坐落在九莲山西莲峡谷中的西莲寺，有40多座大小不同的庙堂和洞窟，所供奉的主要是民间的俗神，如始祖神、道教神仙、本地女性神以及佛。这些神灵们离乡民们近，能够及时倾听他们的生活烦恼。他们所接触到的写帐的香客在讲述自己写帐的经历时都提到身体不好，家境贫寒，但经神点化后，一写帐病见好，心情也开朗。掀去神秘的表象，宗教对社会的作用便清晰地呈现出来。正如马克思所说：宗教是无情世界的感情、宗教是被压迫生灵的叹息；宗教是人民的鸦片。这就是信仰的实质。在逃不过命运安排时，宗教可以使人不再痛苦。至于所说的那些神秘因素，只不过是为了表达敬畏的手段，显示的却是一种人性的庄严。所以在学界，不少人提出21世纪文化发展是在寻找科学与宗教结合的观点。作为民俗文化精神层面的民间信仰，也是研读传统文化的一个非常好的参考。

文化没有高低贵贱之分，各阶层的文化都是平等的。传统文化的伦理道德观、忧患意识、祖先崇拜等观念，在帐书和经歌里时时能够发现一些踪迹。如焦作武陟赛小伟、新乡辉县顾世平等人的帐书，还有香客演唱的《拐棍经》等。

国学大师陈寅恪曾说，对古人的学说，如果想要批评，想要评论，必须保持一种了解之同情的态度。就是说，应该和立说者站在同一立场,对他所以立此说,不得不入世的那种苦心孤诣有一种了解并表同情。的确,不能戴着有色眼镜看待遗存在民间的那些风俗,也不能以非此即彼或非彼即此的极端化的思维方式解读它。在心存敬意的研判中,方能接近、读懂百姓。

其次,我们要用科学的发展观看待民俗文化的现代价值。正行进在民族复兴和国家重振道路上的中国,随着现代化进程的深入、市场经济的推进,在制度层面和日常生活领域都发生着深层次的变革,表现最突出的是价值观的错综复杂。各种不同阶段和不同形态的价值观齐聚,整个社会的价值观紊乱,理应引起每一个有责任心的人关注与反思。价值观是人们对客观世界及行为结果的评价和看法,它直接影响和决定一个人的理想、信念、生活目标和追求。价值观一旦确立就具有相对的稳定性和持久性。而作为一种社会现象的文化,一方面直接反映着一个国家的历史和现实,另一方面也影响、制约着社会关系和人们的实践活动。价值观与文化之间存在着十分密切的关系,某种意义上说,文化是孕育价值观的摇篮。正在社会转型时期的中国,当务之急是重视文化的建设和发展。所以在中共十七届六中全会上,对文化发展提出许多指导性意见,中央要求各级党委和政府把推动文化发展作为主要的政治责任,以改变文化滞后的现实。

文化的内容非常丰富又很复杂,而且始终处于变化之中。回顾人类发展历史,可以发现文化一直在动态地嬗变着:农耕社会、工业社会、信息社会所创造出的文化都带有各自的独特性;不同的社会体制和性质,也决定着文化走向;各个时期人类所面临的问题或矛盾不同,在思维方式上不可否认地存在差异。世界上任何一种事物都具有两面性,如同一枚钱币的两面。在动态之中必然隐藏着静态的一面,否则就不会出现平衡,也无法使社会运行在良好的状态里。文化的动与静通过表、中、里三个层次表现：表层是能够使人感知的文化，如文学、艺术、服饰等，变化快速。中层是制度文化，即风俗、礼仪、制度、法律等，变化较慢。里层是哲学文化，涉及道德、伦理、价值观等，处于核心，变化缓慢。三个层次由表至里相互影响，相互作用，既表现出线性发展的特点，又表现出吐故纳新的特征，发展、创新与延续、保守并行，成就出文化的多姿多彩。这是文化的延续性和惰性所决定的。比如九莲山传情达意的帐书，是香客们充满想象力的表达方式，使受到过专业训练的人望尘莫及；而内容与观念，却与时代不同步。

中国文化是世界上唯一未曾中断的古老文明，其历史积淀非常厚重。客观地说，传统文化是我们的财富，也是我们的负担。它一方面为我们提供资源，另一方面也阻碍发展。混杂着文明和野蛮的民俗文化，在这一方面的表现最具代表性。特别是这几百年来，中国的社会与文化不断发生巨变，传统文化出现断层，民俗文化备受冷落。现在我们从小就被外来文化洗脑，长期被误读的传统文化在许多人心中的地位微不足道，位于最底层的民俗文化，更是越来越远离人们的视线，以至于提到民俗，能够联想到的不过是看花灯、吃元宵、吃粽子、跑旱船、踩高跷、放鞭炮等形式。对于闪耀在民间的创造力，因为与它生存的环境隔离，也就无从知道它的存在。抛开九莲帐书的内容，只从其形式和表现力看，没有受过专业训练的香客们的创造力丝毫不逊色于受人尊敬的艺术大师，这或许与人类与生俱来具有的审美天性有关。笔者对只有小学文化程度的顾世平所写的帐书印象最深，其帐书具有强烈的视觉冲击力，让人震撼。他以线为造型元素写的"风、调、雨、顺"和类似篆刻印章的巨型帐书，每幅都构思奇妙，艺术表现力极强，且具有画法无定式、风格多变的特点。如果按南齐"谢赫六法"中提出的绘画创作和品评的准则来审视，"气韵生动""骨法用笔""经营位置"在顾世平的帐画中都能感受到,而且是用重新解构的新手法创造的。传统与现代之间绝不是势不两立的关系,当下人们常常感叹国人缺乏创新能力,将原因归罪于传统文化的束缚,那么不妨从帐书民俗文化中去感悟、继承与创新,品味中国文化的特色。

中国的民俗文化丰富且多样,在人类发展史上所起到的作用重大而神秘。无人组织,香客自发自愿来到九莲山西莲寺。由于道教的法术和讲求实用在民间广受百姓的膜拜,这里供奉着不少与道教相关的神仙,却看不到道士一类的神职人员;供佛,没有和尚,但香火兴盛,香客不断。最令人诧异的是,听申法海先生说,西莲寺还供奉着孙悟空,是不是与悟空代表了古代中国人善良、正直不阿的品质和追求有关呢?这些现象分明也折射着现实的问题,精神追求不光是精英的专利,普通百姓也同样需要。写帐人讲述写帐的过程时,异口同声地说不是随便写的,各自有各自的理由,但都是被一种精神力量驱使,从内心流出,是有所为而做的。借神仙之力来言心中事的想法有违于科学,但帐书打开了一些人难解的心结,解决了百姓们的一些实际问题,也没有给社会带来负面的影响。这是文化程度普遍偏低、家境贫寒的写帐人,以感性的能力获得自我的一种方式。如果他们能更多地了解现代科学知识,经济上足够富裕,可能会用其他方式表达、释放吧。重视和谐、崇尚和谐是中国传统哲学的重要观念,也是中华传统文化的基本精神。不要漠视传统文化中那些与现在对应的环节,因为文化有强大的生命力和延续性。只有全面了解传统文化,读懂民俗文化,才能知道什么应该摒弃,什么应该继承,从而达到取其精华去其糟粕,使国家文化优质发展的目的,胡锦涛在十七大报告中提出的"弘扬中华文化、建设中华民族共有精神家园"的目标才可能真正实现。

俗话说,"十里不同风,百里不同俗"。丰富的民俗文化给我们留下众多有形和无形的资产。从民俗文化里能够看到历史、哲学、艺术等方方面面的文明发展,特别是艺术往往在民俗文化中充当着脸面,是最外化的、最容易打动人的。至今难忘重阳节晚上,沐浴在月光中听到的《我与老娘对花经》这首经歌。乡民(主要为女性)与本地女性神对歌、猜花名,伴着轻松优美的曲调,带着乡土气息的花名在一问一答中揭开了谜底。领唱和合唱结合,生动有趣,神与人同乐,很是感人,遗憾的是判断不出这首经歌的曲调属于民歌还是戏曲。在唱经会上,听出来有坠子、梆子、曲剧等,但猜花名听起来不像戏,应该是民间小调一类。更令人刮目相看的是不少演唱者即兴编词来针砭时事,如反映婆媳关系、老人赡养等现实问题。尽管代表着当今主流的文化是经过专业训练的精英文化,但没有经过专业训练的大众文化却让我们从另一个侧面真切地感受到现实生活中的真、善、美。所以十七届六中全会特别指出应"发挥人民群众文化创造积极性,在全社会营造鼓励文化创造的良好氛围,让蕴藏于人民中的文化创造活力得到充分发挥"。据说仅中国地方小戏就有250多种,民俗文化绝不仅限于戏曲,打开这个包罗万象的宝库,其丰富性更是不言自明。如果将这些资源充分地挖掘,用科学的态度,使它们与当代社会相适应、相协调,以文化多样性的视角,保持其特色,定会在民族性和时代性上实现双赢。

  文化的年代差异是客观存在的事实。如传统文化往往是由老传小的自上而下的传递,现代文化却常常是由少带老的自下而上的扩散。但无论是什么方式,都不应极端地对待传统与现代文化。使两种文化兼容并蓄,互补共进,不仅对文明的进步有利,还能使中国的现代化文明拥有自己的特征。更关键的是,民俗文化不仅不会影响今天人们对现代知识的学习吸收,还能在当下中国人的人格历练上打上底色。

我们只有知道了自己从哪里来后，才能弄清要到哪里去。

此外，还想提到的是九莲山景区的开发，这里有山有水也有人，还有别处没有的资源——奇特的民俗，可利用的资源丰富而且距离城市不远，也有进行经济开发的价值，值得人们关注。如果好好利用这里的人文资源和自然资源，让天、地、人三方面相互配合，一定会有好的收效。但前提是不能只考虑经济效益，而不择手段，那对九莲山西莲寺来说将是一场浩劫和噩梦。应当让文化推动经济，而不是使原有的文化在经济利益的驱动下变味。作为旁观者，笔者希望进一步深入地调查与研究，能够科学客观、正确地解读帐书文化，使民众了解、进而珍视这一风俗，通过政府职能部门因势利导，借助媒体负责任的宣传，真正看到传统文化得到有效保护，经济增长带动当地百姓生活与文化提升的双赢结果。

图书在版编目（CIP）数据

神秘符号：九莲帐书 / 杨远，邵元珠著. — 郑州：中州古籍出版社，2018.1
（华夏文库民俗书系）
ISBN 978-7-5348-7361-4

Ⅰ.①神… Ⅱ.①杨… ②邵… Ⅲ.①风俗习惯-新乡 Ⅳ.①K892.461.3

中国版本图书馆CIP数据核字（2017）第240801号

华夏文库·民俗书系
神秘符号：九莲帐书

总 策 划	耿相新　郭孟良
项目协调	单占生
项目执行	萧　红
责任编辑	贾保倩
责任校对	刘丽佳
封面设计	新海岸设计中心
版式设计	曾晶晶
美术编辑	王　歌

出　版	中州古籍出版社
	地址：河南省郑州市经五路66号
	邮编：450002
	电话：0371-65788693
经　销	新华书店
印　刷	河南新华印刷集团有限公司
版　次	2018年1月第1版
印　次	2018年1月第1次印刷
开　本	960毫米×640毫米　1 / 16
印　张	9.75印张
字　数	119千字
印　数	1-3000册
定　价	29.00元

本书如有印装质量问题，由承印厂负责调换